Anne Bauta

Werken mit Peddig

Verlag Frech Stuttgart-Botnang

Inhalt

5

Das Flechten mit Peddigrohr ist eine der beliebtesten Freizeitbeschäftigungen geworden. In vielen Geschäften wird dieses gestaltungsfähige Material angeboten; das Flechten ist relativ einfach. Selbst von Kindern können wertvolle Gegenstände gearbeitet werden. Das Flechten mit Peddigrohr ist nicht nur ein Zeitvertreib, denn es entstehen auch nützliche Gegenstände. Voraussetzung für eine einwandfreie Flechttechnik ist die genaue Befolgung der Grundbegriffe. Wenn man sie beherrscht, macht dieses Hobby viel Freude.

Bezeichnung der Peddigrohrstärken

Nr.	mm
Bast	25
Spaltrohr	20
10	5,0
9	4,0
8	3,0
7	2,8
6	2,6
5	2,4
4	2,2
3	2,0
2	1,8
1	1,6
0	1,4
00	1,2

Werkstoff

Peddigrohr ist ein Naturflechtstoff, der aus dem Kern der biegsamen, langen Stämmchen der Schlingpalme (calamus rotan) gewonnen wird. Diese Pflanze gedeiht besonders in den tropischen Regengebieten Indonesiens. Der Kern, auch Peddig genannt, ist das von der Kieselsäureschicht befreite Mark. Er wird durch verschieden starke, innen mit sehr scharfen Messern versehene Düsen gepreßt und dadurch zu Peddigfäden von 0,8 — 3,0 mm, zu Stakenrohr von 3,25 — 4,75 mm und zu Stangenrohr von 5 — 12 mm Stärke verarbeitet. Peddigflach- und -hohlschienen sowie Peddigband entstehen als Zwischenprodukt bei der Herstellung von Peddigrohr.

PEDDIGARTEN

Naturrohr wird in verschiedenen Güteklassen angeboten. Für die Verarbeitung zu Gebrauchsflechtwaren ist die Rotbandqualität, an einem roten Abbindefaden zu erkennen, besonders gut geeignet. Die hohe Festigkeit schließt Bruchstellen weitgehend aus.

Gebleichtes Peddigrohr ist gleichmäßig weiß in der Farbe, wirkt im Geflecht oft fahl und kalkig. Außerdem wird durch die Bleichung die Qualität verringert; das fertige Geflecht vergilbt leicht.

Gefärbtes Peddigrohr ist kaum lichtbeständig, außerdem sind die meisten Farben nicht wasserfest. Besonders beim Arbeiten mit verschiedenen Farben ist dies nachteilig. Wer dennoch gefärbtes Peddigrohr verarbeiten möchte, wähle nicht zu helle Farbtöne. Die Farben sind getrennt einzuweichen und die fertigen Flechtarbeiten mit einem klaren Lack gegen Lichteinwirkungen zu schützen.

Geräuchertes Peddigrohr hat einen warmen, matten Farbton. Es lassen sich viele hübsche Dinge daraus fertigen; jedoch ist der Materialverbrauch etwas großzügiger zu berechnen, da durch späteres Hinzukaufen Farbabweichungen nicht zu vermeiden sind. Unterschiedliches wässern kann ebenfalls dazu führen.

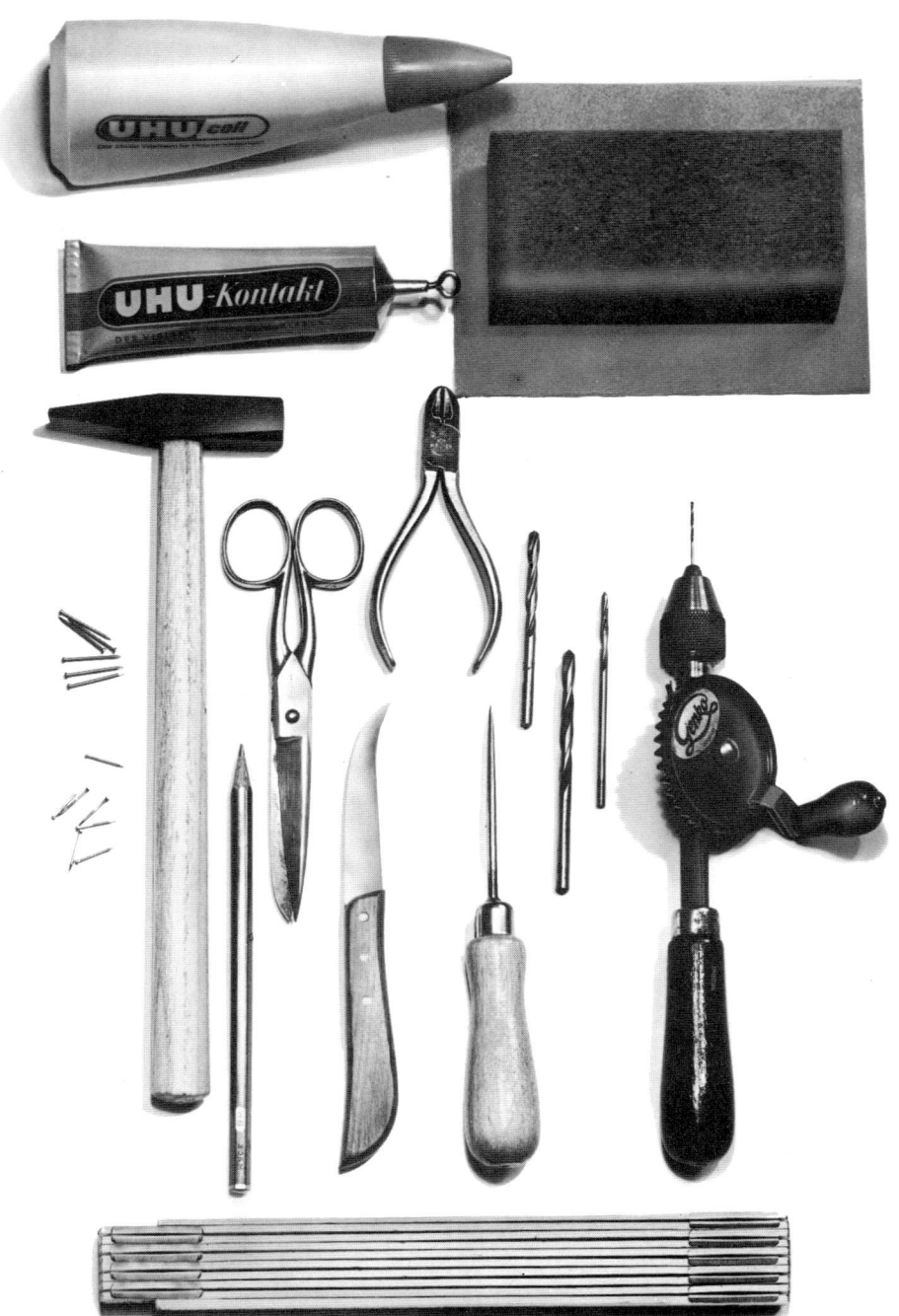

Kunststoffrohr ist unter der Bezeichnung „Plasticane" im Handel und wird in verschiedenen Farben in einer Stärke von ca. 2,2 mm an einem laufenden Faden angeboten. Wegen der geringen Stabilität ist es aber nur als Flechtfaden zu verwenden. Neuerdings werden aus dem gleichen Material Hohl- und Flachschienen angeboten, die sich ebenso wie Kunststoffrohr verarbeiten lassen. Bei der Verarbeitung ist daran zu denken, daß Kunststoff-Flechtmaterialien hitze- und kälteempfindlich sind.

Da bei diesem Material die Vorbehandlung (Einweichen) — und durch den laufenden Faden das Neuanlegen — entfällt, eignet es sich schon für Kinder ab 7 Jahren.

Mit Kunststoff bezogenes Peddigrohr hat den Vorteil, daß es leicht zu pflegen ist. Es eignet sich daher besonders für Gebrauchsgegenstände.

Peddigflachschienen bekommt man in natur und geräuchert. Dieses Material eignet sich als Flechtfaden bei gerade hochgehenden Seitenwänden (Korb), zum Umflechten von Flaschen usw., für Mobiles und als Abdeckstreifen für die Ränder der Bodenplatten. Peddighohlschienen sind ebenso zu verwenden.

Auch Schienen müssen vor dem Verarbeiten eingeweicht werden.

Peddigband. Flach-rechteckige Peddige werden als Band in den Breiten von 6 — 14 mm gehandelt. Sehr oft werden sie geräuchert angeboten, sie eignen sich besonders gut für größere Gegenstände, die ein rustikales Aussehen erhalten sollen.

Werkzeuge und Hilfsmittel

1. Eine Schere zum Abschneiden der Flechtfäden.
2. Ein Pfriem; er besteht aus einem spitzzulaufenden Eisenstift, der in einem runden Heft befestigt ist. Dient zum Lockern und Zusammendrücken des Geflechts.
3. Einen Seitenschneider zum Schneiden der Staken.
4. Einen Hammer. Es genügt ein leichter Eisenhammer zum Festnageln der Staken an den Bodenbrettern.
5. Ein Messer mit einer starken Klinge, die nicht federt, da auch starkes und hartes Rohr gespalten, geschnitten und geschlitzt werden muß.
6. Eine Bohrwinde mit einigen Bohrern in der Stärke der zu verarbeitenden Staken braucht man zu Arbeiten mit Bodenplatten.
7. Ein Schleifholz zum Glätten der Bodenplatten.
8. Leim: Weißleim (Uhu-coll) ist erforderlich, wenn Staken in Bodenplatten eingeleimt werden müssen und zum Beziehen der Platten mit Stoff; Kontaktkleber (Uhu-kontakt) zum Ankleben der Randschienen.

Vorbereitungen zum Flechten

Das Flechtmaterial wird in trockenem Zustand zugeschnitten. Nur so wird der Schnitt glatt. Zum Umflechten und Biegen dagegen muß es gut durchfeuchtet sein. Selbst starkes Rohr wird dadurch geschmeidig. Auch fertige Arbeiten kann man in feuchtem Zustand noch formen und zurechtdrücken. In warmem Wasser wird die erforderliche Biegsamkeit schneller erreicht.

Alle Flechtarbeiten beginnen mit dem Aufbau des Gerüstes, das aus Staken besteht. Sie sollen den Flechtfäden Halt geben. Deshalb sind die Staken 2 - 3 Nummern stärker als die Flechtfäden. Es bleibt jedoch jedem überlassen, zu beurteilen, ob der Flechtfaden bei gleichdicken Staken gut bindet.

Länge der Staken für eine Flechtarbeit mit nach oben abgebogenen Seiten rechnet man so: Bodendurchmesser + Seitenhöhe + 15 cm für den Randabschluß.

Die Stakenanzahl richtet sich nach der Größe des Flechtgegenstandes und nach der Stärke der Staken. Arbeitet man über sehr dicke Staken, legt man sie so, daß sie einzeln umflochten werden können; wählt man dünne Staken, legt man sie paarweise oder in Vierergruppen.

Flechtformen

Um den Boden zu einem runden Gegenstand zu bekommen, werden die Staken in Kreuz- oder Doppelkreuzform übereinander gelegt. Ist die Stakenanzahl ungerade, wie es am häufigsten vorkommt, kann man mit 1 Flechtfaden arbeiten. Bei gerader Stakenanzahl muß die Flechtarbeit mit 2 Fäden ausgeführt werden.
Geht der Flechtfaden aus, wird der neue Faden etwa 1 cm über dem alten, hinter einer Stake, auf der Rückseite der Arbeit angelegt.

Das Arbeiten eines runden Bodens mit gerader Stakenanzahl

Aus je 4 Staken legt man eine Kreuzform. Es können auch mehr oder weniger sein. Dann beginnt man mit dem gut geweichten, dünneren Peddigrohr zu flechten. Der Anfang des Flechtfadens liegt oben auf dem Kreuz, dort hält man ihn mit dem Daumen fest. Dann wird er unter das rechts liegende Stakenbündel geführt, weiter über das untere Bündel, unter das links liegende und über das obere. So werden drei Runden gearbeitet. Nach der letzten Unterflechtung wird der Faden nach oben gebogen (Abb. 3) und drei Runden in Gegenrichtung geflochten. Der Faden muß gut feucht sein (sonst bricht er beim Umbiegen), auch sollen die Staken von der Mitte zu den Enden gleich lang sein. Jetzt kann man noch berichtigen.

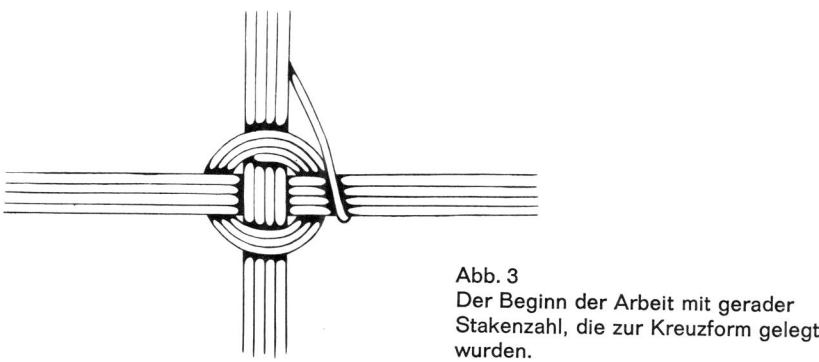

Abb. 3
Der Beginn der Arbeit mit gerader Stakenzahl, die zur Kreuzform gelegt wurden.

Nun werden die Stakenbündel in Paare geteilt. Diesen Vorgang nennt man „Aufbrechen", da die zunächst dicht beieinander liegenden Staken durch leichtes Verziehen, zur Erzielung der gleichmäßigen Abstände, geöffnet werden. Jetzt erst beginnt das richtige Flechten. Da die Anzahl der Staken gerade ist, kommt kein versetztes Geflecht zustande, wenn man nur mit einem Geflechtfaden arbeitet. Deshalb wird ein zweiter angelegt und zwar gleich nach der ersten Runde. Mit diesem zweiten Flechtfaden wird die nächste Runde in gleicher Richtung — aber versetzt zum ersten Faden gearbeitet. Wo in der ersten Runde der Flechtfaden über dem Stakenpaar lag, wird er jetzt darunter geführt. Nach fünf Runden werden die Staken einzeln umflochten. Die Runden müssen fest — ohne Zwischenraum — nebeneinander liegen. Der Flechtfaden wird daher nach jeder Stake angezogen und zur Mitte gedrückt. Die Staken müssen immer in gleichmäßigen Abständen zueinander stehen und gerade gehalten werden. (Abb. 4)

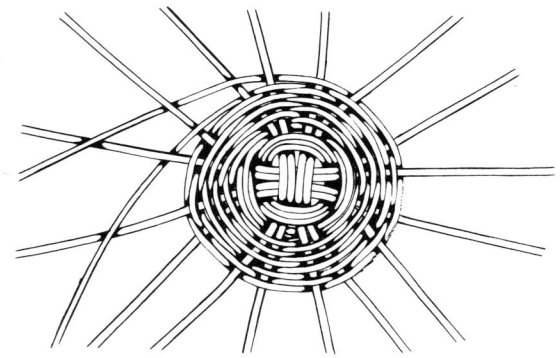

Abb. 4
Das „Aufbrechen" der Staken.

Ausführung eines runden Bodens mit ungerader Stakenanzahl

Sechzehn Staken werden in Vierergruppen zusammengelegt. Durch wechselseitiges Über- und Untereinanderlegen bildet sich ein Doppelkreuz (Abb. 5). Nun wird der Flechtfaden links oben unter einem Stakenpaar

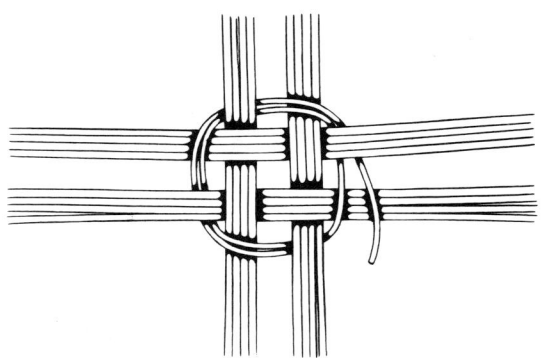

Abb. 5
Eine gerade Stakenzahl zum Doppelkreuz gelegt.

angelegt, über das obere rechte geführt, weiter unter das untere rechts-liegende, über das untere linksliegende usw. In dieser Reihenfolge werden 4 Runden gearbeitet, danach wird der Flechtfaden nach oben gebogen und 4 Runden in Gegenrichtung geflochten. Dann werden die Vierergruppen in Zweiergruppen aufgeteilt. Der Flechtfaden wird in der gleichen Richtung weitergeführt. Zu Beginn der nächsten Runde werden 2 Staken, die halb so groß wie die übrigen sind, so in das Geflecht eingefügt, damit aus der ersten Vierergruppe drei Doppelstränge hervorgehen. (Abb. 6.) Da man jetzt 17 Stakenpaare hat, ergibt sich durch die ungerade Anzahl das Versetzen der Flechtrunden von selbst.

Wenn der Rundboden eine schöne Kreisform bekommen soll, müssen die

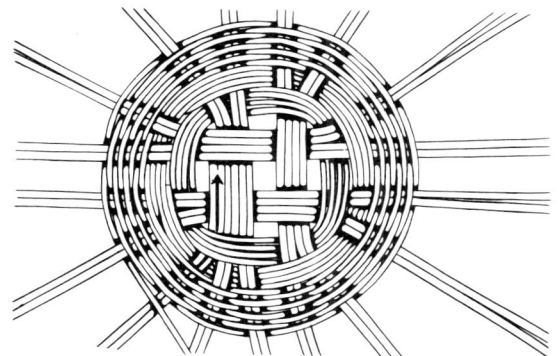

Abb. 6
Fortgesetzte Arbeit, die durch Einfügen von zwei Staken (siehe Pfeil) auf eine ungerade Stakenzahl gebracht wurde.

Flechtfäden gleichmäßig angezogen werden, die Staken gleiche Abstände haben und die Fadenläufe ganz herumgehen; sie dürfen nicht auf halbem Wege aufhören, denn dadurch würde die eine Bodenseite eine Faden-stärke mehr zählen. Wird der Boden zu groß, um ihn in der Hand zu halten, legt man ihn auf einen Tisch und arbeitet in der gleichen Art weiter. Alle Fadenenden müssen auf der Rückseite liegen, damit das Bodeninnere ein sauberes Geflecht zeigt. Bekommt der Korbboden beim Flechten eine leicht nach oben gerichtete Wölbung, ist es kein Fehler, denn so erhält der Korb einen natürlichen Rand, der einen festen Stand verspricht. Bei einer Wölbung nach unten schaukelt der Korb.

Korbwände sind nicht einfach zu flechten. Man darf die werdende Form niemals dem Zufall überlassen, sondern sie gewollt, dem Verwendungs-zweck entsprechend arbeiten. Man kann die Seitenwände rechtwinkelig und verschiedenartig gewölbt vom Boden aufflechten. Sollen die Staken rechtwinklig abgebogen werden, müssen sie besonders gut geweicht sein, da sonst viele brechen. Kommt es jedoch einmal vor, daß beim Hochbiegen Staken schadhaft geworden sind, arbeitet man als erste

Flechtrunde eine Kimme (Abb. 13). Hierdurch entsteht ein kräftiger, fußartiger Vorsprung, der dem Korb einen besonders festen Stand gibt, und die schadhaften Stellen verdeckt.

Ovaler Boden mit gerader Stakenanzahl

Hier sind die Längsstaken bedeutend länger als die Querstaken. Es gehört Übung dazu, eine gefällige Form zu bekommen. Meistens nimmt man 5 - 6 Längsstaken und eine der Länge des Korbes entsprechende Anzahl Querstaken (12, 14 usw.). Die Querstaken werden in der Mitte vorsichtig aufgeschlitzt und einzeln über die Längsstaken gezogen, deren Enden hierfür etwas abgeflacht sind. Die Querstaken werden paarweise gleichmäßig verteilt, während die Längsstaken zunächst zusammen bleiben. Nun werden die Staken mit 2 Flechtfäden umflochten, die an den 4 Endpunkten jedesmal verfilzt werden. Nachdem 2 Runden gearbeitet sind, werden die Längsstaken paarweise „aufgebrochen", erst wenn der Abstand an den Endpunkten so groß wird, daß keine Bindung mehr erfolgt, werden die Staken einzeln umflochten.

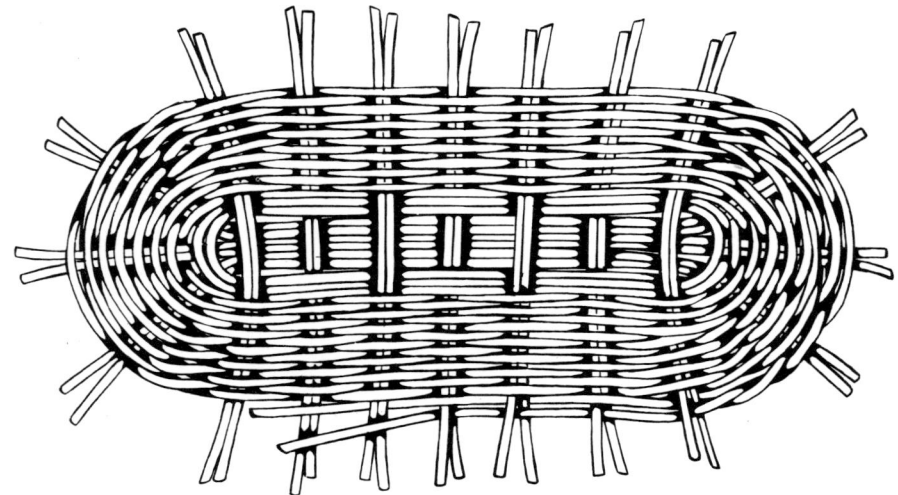

Abb. 7 Ausführung eines ovalen Bodens mit 6 Längs- und 14 Querstaken. Auf dieser Abbildung ist das Verfitzen der Flechtfäden an den Endpunkten deutlich zu erkennen.

Abb. 8 Der Anfang eines rechteckigen Bodens mit zwei Flechtfäden.

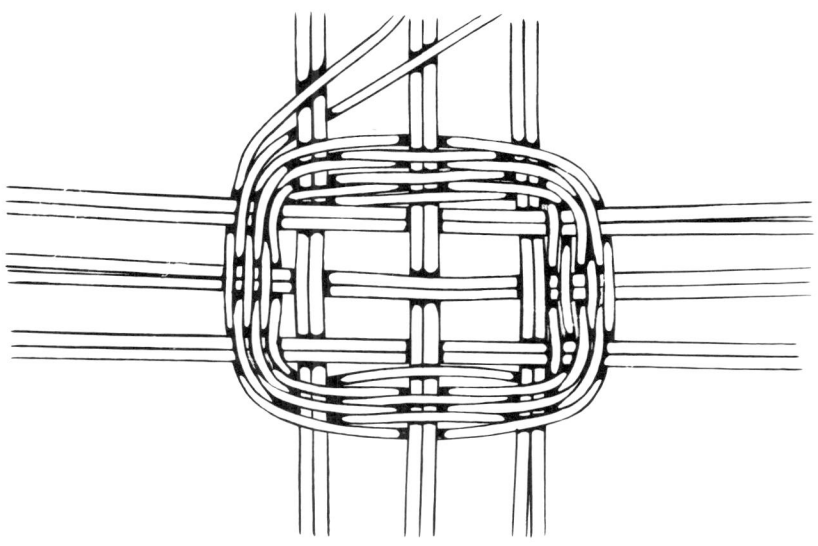

Das Arbeiten eines rechteckigen Bodens

Für einen rechteckigen Boden werden die Staken paarweise miteinander verflochten (Abb. 8). Dann beginnt die Flechtarbeit mit einem langen Faden, den man so zusammenlegt, daß die Enden ungleich lang sind, und zwar deshalb, damit beim Anlegen eines neuen Fadens die Anlegestellen nicht nebeneinander liegen. Der Flechtfaden wird mit der durch das Zusammenlegen entstandenen Schlinge um das erste obere Stakenpaar gelegt. Dann wird mit jedem Faden einzeln über jeweils zwei Staken versetzt geflochten. Nach einigen Runden werden die Staken „aufgebrochen" und einzeln umflochten. Nur durch Handfertigkeit und Gefühl schafft man es, exakt abgezirkelte Ecken zu bekommen. Die Flechtfäden an den Ecken sollen zwar scharf abgewinkelt, aber nicht geknickt werden.

Arbeiten eines viereckigen Bodens

In eine Leiste aus etwa 1 - 2 cm starkem Holz werden in Abständen von 1,5 bis 2 cm Löcher in der Stärke der zu verarbeitenden Staken eingebohrt. Die Quer- und Längsstaken müssen so lang sein, daß sie beiderseits über die Leiste hinausragen; nach Fertigstellung des Bodens sollen sie die Grundlage für die Korbwände und den Randabschluß geben können. Die Staken werden durch die Löcher der Leiste gesteckt, unmittelbar hinter dieser wird dann mit dem Flechten begonnen. Zur besseren Stabilität des Bodens, arbeitet man in Abständen von 2 cm die gut geweichten Querstaken ein, die später das Gerüst für die Seitenwände bilden. Ist die gewünschte Größe des Bodens erreicht, schließt man mit einer Querstake ab. Dann wird die Leiste, die man auch als Stakenhalter bezeichnet, entfernt. Nun werden die gut geweichten Staken rechtwinklig nach oben gebogen, wobei an den Ecken je zwei Staken zusammentreffen. Damit die Ecken den erforderlichen Halt bekommen, werden sie zusammen als eine umflochten. Hierbei soll der Flechtfaden nicht zu straff geführt werden. Die Ecken neigen sich somit nach innen und die Arbeit verliert an Aussehen.

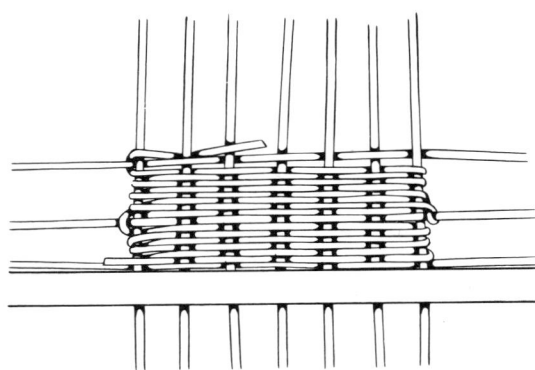

Abb. 9
Stakenhalter mit eingesteckten Staken.

Muldenförmige Korbform

Diese ungewöhnliche Korbform wird in Norddeutschland als Henkelschwinge bezeichnet.
Aus Peddigrohr Nr. 9 werden 2 gleichlange und 6 halb so lange Staken zugeschnitten. Die beiden längeren werden an den Enden keilförmig zueinander abgeschrägt und zu Ringen verleimt. Anschließend werden sie

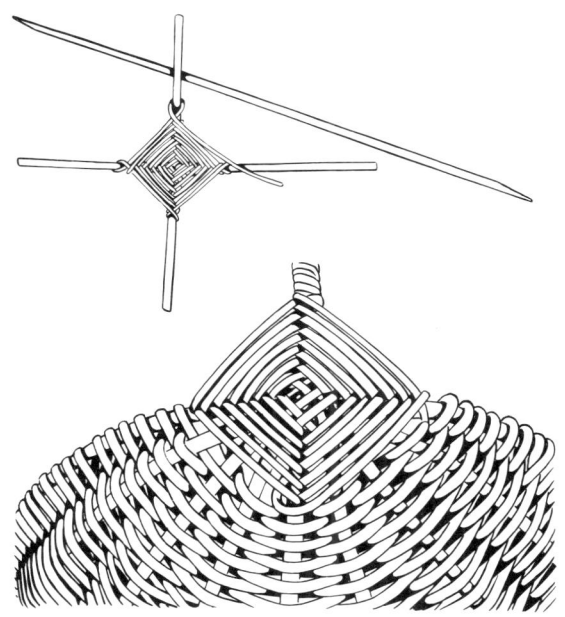

Abb. 10
Flechten des Vierecks;
die abgeschrägten
Staken werden zu
Ringen gebogen und
verleimt.

Abb. 11
Die Staken werden
hinter der Kreuzflechte
angelegt.

ˈso ineinandergesetzt, daß ein Kreis senkrecht steht und der andere waagerecht liegt. An den beiden Kreuzungspunkten schlägt man einen kleinen Nagel ein, damit sich die Kreise nicht verschieben können. Die Nägel sind nur vorläufige Hilfsmittel und werden nach der Fertigstellung wieder entfernt.

An den genagelten Stellen wird nun ein auf der Spitze stehendes Viereck geflochten. Hierzu wird der Flechtfaden auf dem Kreuzungspunkt angelegt und mit dem linken Daumen darauf festgehalten, während der Flechtfaden von links nach rechts über die obere Stake und von rechts nach links um die obere Stake gelegt wird, dann über die obere zur rechts liegenden Stake geführt usw. (Abb. 10). In dieser Reihenfolge werden auch die nächsten Runden gearbeitet. Für die Größe des Vierecks gibt es keine Norm. Die sechs übrigen Staken können dann leicht zugespitzt im Korbinnern hinter die Kreuzflechte eingesteckt werden (Abb. 11). Dann beginnt man außen am Kreuz mit einem Flechtfaden zu arbeiten. Ist der Faden zu Ende geflochten, wird die andere Seite genauso gearbeitet. Das Geflecht wird wechselseitig fortgesetzt. Die in der Mitte übrig bleibende doppelkeilförmige Öffnung muß recht geschickt in der Art des Stopfens geschlossen werden. Soll der Henkel umflochten oder umwickelt werden, muß dies vor dem Kreuzflechten geschehen, damit die Enden hinter dem Kreuz verdeckt liegen.

Flechtarten

„**Fitzen**" kann man bei gerader und ungerader Stakenanzahl. Das „Fitzen" verziert nicht nur, es gibt dem Geflecht außerdem eine große Festigkeit. Zu Beginn einer Fitzenrunde werden zwei Flechtfäden hinter die erste Stake angelegt, dann werden beide Fäden gedreht, so daß der erste Faden oben und der zweite Flechtfaden unten liegt. Die Flechtfäden winden sich nicht nur um die Staken, sondern auch noch um sich selbst (Abb. 12).

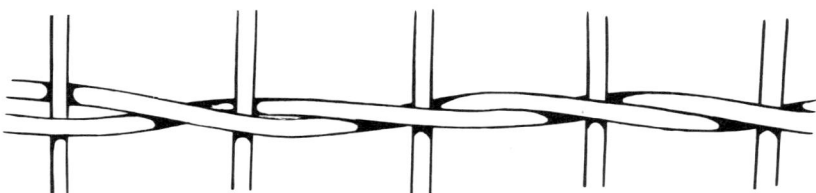

Abb. 12   Fitzen mit zwei Flechtfäden.

Die **Kimme** wird oft als erste Runde nach Beendigung des Korbbodens angebracht, damit das Geflecht stabiler und der Übergang vom Boden zu den Seitenwänden dichter wird. Man kann sie aber auch als Verzierung unterhalb des Randes anbringen. Die Kimme kann mit 3, und wenn sie noch fester werden soll, mit 4 Flechtfäden gearbeitet werden. Im ersten Fall werden die Fäden nacheinander fortlaufend außen über 2, innen um 1 Stake wieder nach vorn gelegt; im zweiten Fall außen über 3 Staken, innen um eine wieder nach vorn (Abb. 13). Nach Beendigung der Flechtrunde werden die 4 Fäden an 4 aufeinanderfolgenden Staken entlang in das Flechtwerk eingesteckt. Es ist nicht möglich, die 4 Flechtfäden an einer einzigen Stake abzuschließen.

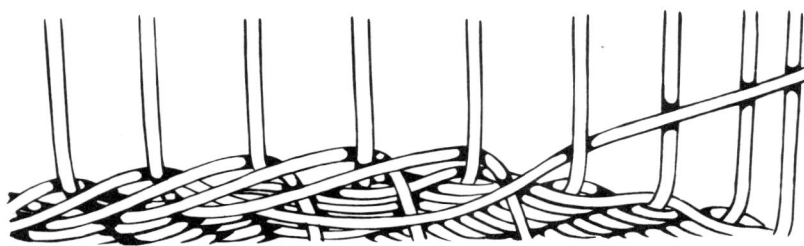

Abb. 13   Die Kimme mit vier Flechtfäden gearbeitet.

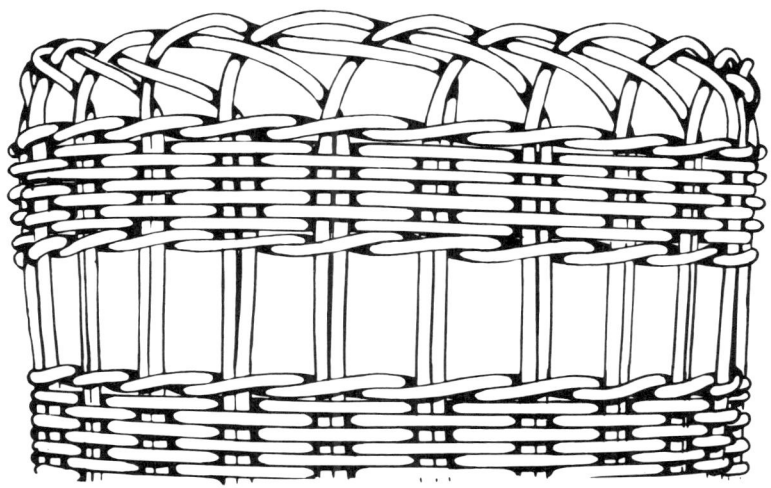

Abb. 14   Die Staken wurden zuerst zu einem gekreuzten Bogenrand Abb. 29 verflochten und dann bis zum Boden durchgezogen.

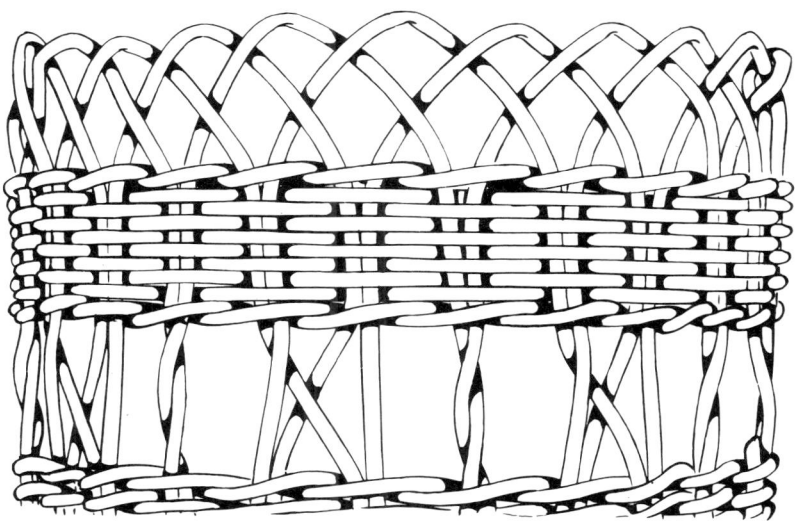

Abb. 15   Auch hier wurde zuerst der gekreuzte Rand Abb. 29 gearbeitet. Die durchgezogenen Staken anschließend zu einer Durchbruchkante verflochten.

Um die einfache versetzte Flechtart zu variieren, kann man statt einem Flechtfaden mit zwei arbeiten. So entsteht ein haltbares, gut wirkendes Geflecht. (Abb. 16).

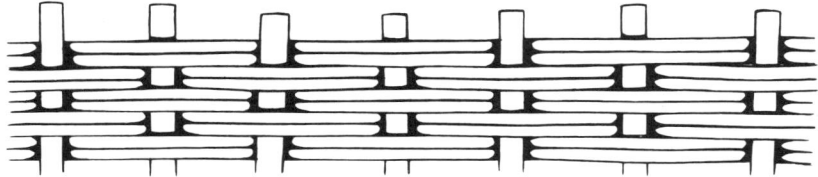

Abb. 16   Flechten mit zwei Flechtfäden.

Ein weiteres Flechtmuster erhält man, wenn der Flechtfaden über 2 Staken geführt wird, also jeweils eine Stake überspringt (Abb. 17).
Die beiden eben genannten Flechtarten sind nicht als Anfangs- oder Endgeflecht zu verwenden, da sich die Läufe schlecht binden.

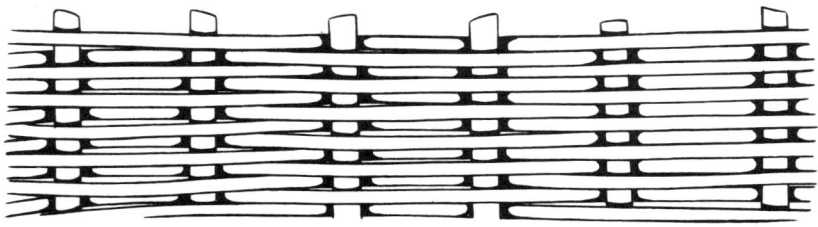

Abb. 17   Flechten über zwei Staken.

Bei Flechtarbeiten aus stärkerem Rohr, sehen netzartige Umflechtungen besonders gut aus. Bei Anwendung von feineren Flechtfäden kann man eine fast geschlossene Bindung erzielen, indem man mit einem Flechtfaden die Staken einzeln umschlingt (Abb. 18) oder mit 2 Fäden zwischen dem vorigen Doppelfaden durchgeht (Abb. 19).

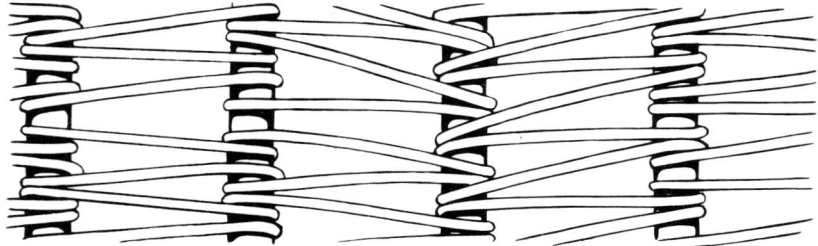

Abb. 18   Die Staken werden mit einem Flechtfaden umschlungen.

22

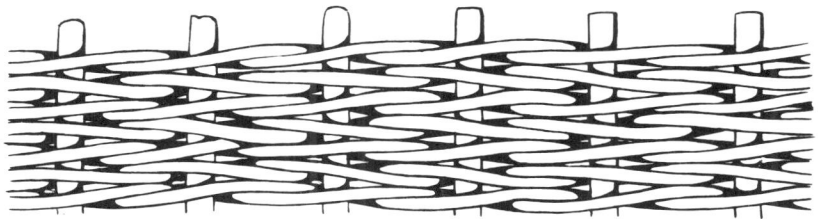

Abb. 19 Zwei Flechtfäden werden durch den Doppelfaden der Vorrunde gezogen.

Weitere Zierkanten entstehen durch Einflechten von Borden, Strohzöpfen und Perlen. Beim Einflechten von Borden und Zöpfen geht man jeweils einmal über und einmal unter eine Stake (Abb. 20). Bei dieser Bindung ist die ungerade Stakenanzahl eine selbstverständliche Voraussetzung.

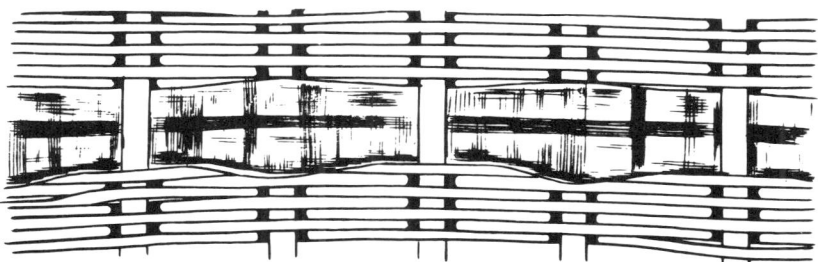

Abb. 20 Eingeflochtene Borde.

Sollen Perlen eingeflochten werden, wähle man wenige satte Farben, die einen wirkungsvollen Gegensatz zum Geflecht abgeben. Die Perlen können auf die Staken oder auf die Flechtfäden aufgezogen werden. Zieht man sie auf die Staken auf, erhält man einen kleinen Durchbruch (Abb. 21) der unten und oben vom Geflecht umgeben ist. Werden die Perlen auf die Flechtfäden gezogen, liegen sie zwischen den Staken, also mitten im Geflecht.

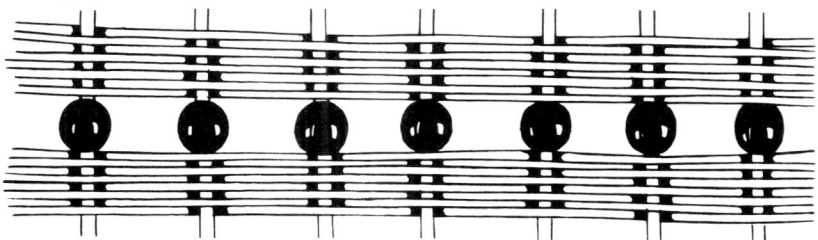

Abb. 21 Eingeflochtene Perlen, die auf Staken gezogen wurden.

23

Die Flechtarbeit kann aber auch durch Einflechten von farbigem oder geräuchertem Peddigrohr aufgelockert werden. Farbig kann in Ringform (Abb. 22) oder in senkrechten Streifen (Abb. 23) geflochten werden. Auch durch Übersetzen des Flechtfadens kann ein schachbrettartiges Geflecht erzielt werden.

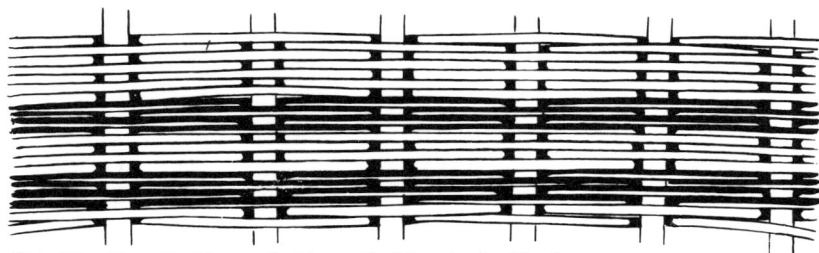

Abb. 22 Eingeflochtenes farbiges Peddigrohr in Ringform.

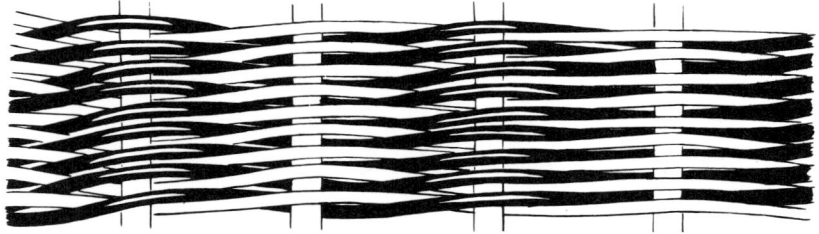

Abb. 23 Mit einem farbigen und einem hellen Flechtfaden zu Streifen gefitzt.

Gefällig sehen auch durchbrochene Kanten — sogenannte Hohlsaumarbeiten — aus; sie tragen zur Belebung des Geflechts bei. Man sollte allerdings nicht zu viele in einer Arbeit unterbringen, da sie sonst unruhig wirkt. Die erste Runde vor und die erste Runde nach dem Zwischenraum sollte immer verfitzt geflochten werden.

Ein einfacher Hohlsaum entsteht, wenn nach einer gefitzten Runde die Staken einige Zentimeter unbeflochten bleiben und mit einer gefitzten Runde die Flechtarbeit wieder begonnen wird (Abb. 24).

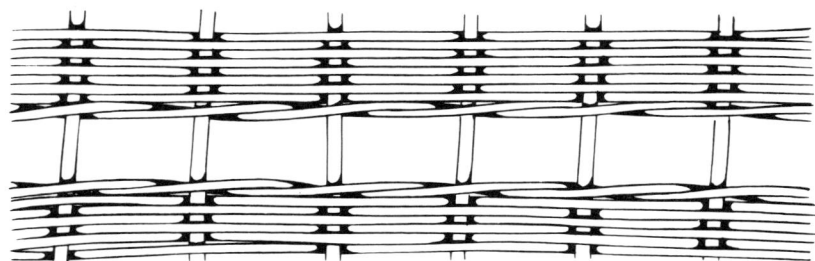

Abb. 24 Einfacher Hohlsaum.

24

Eine Variante des „einfachen Hohlsaums" besteht darin, daß die Staken nach einer gefitzten Runde verkreuzt werden. Dicht über den Kreuzstellen wird dann zur Befestigung wieder eine Runde gefitzt (Abb. 25).

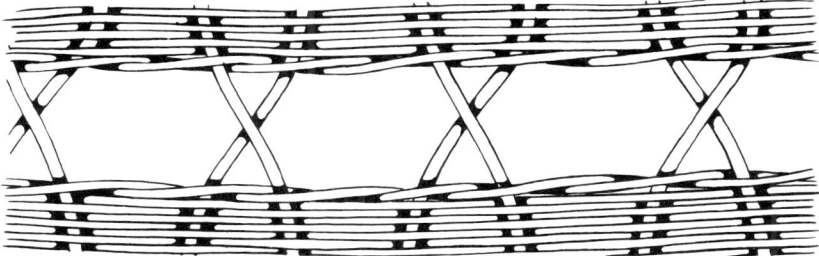

Abb. 25   Durchbruch mit gekreuzten Staken.

Abb. 26 zeigt einen Durchbruch, der mit doppelten Staken gearbeitet wird. Das Verkreuzen in der unteren Hälfte erfolgt wie bei Abb. 25. Bei der gefitzten Runde in der Mitte wird jede Stake einzeln umflochten, während bei der Runde über dem oberen Kreuz wieder Stakenpaare aufgenommen werden.

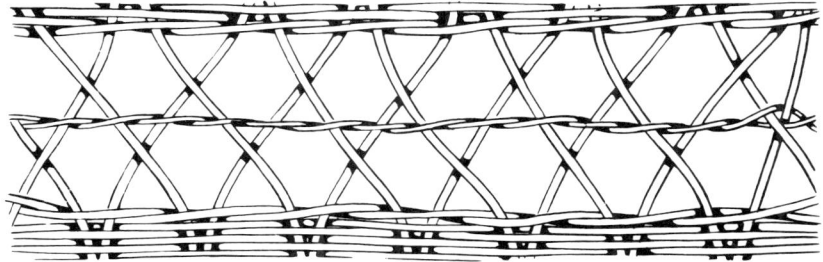

Abb. 26   Doppelte Durchbruchkante.

Abschlußränder

Die Abschlußränder sind nicht ganz einfach zu arbeiten, ein wenig Mühe lohnt sich aber bestimmt. Wichtig ist, daß der gewählte Rand auch immer der Form und Art des Flechtgegenstandes entspricht.
Die Stakenenden müssen für den Randabschluß sehr geschmeidig sein, sie werden daher 5 bis 10 Minuten in warmem Wasser geweicht. Für den Abschluß müssen die Staken genügend lang sein: für einen einfachen Randabschluß rechnet man 10 bis 15 cm, für einen breiten, komplizierten Rand müssen sie mindestens 10 cm länger sein. Es gibt zwei verschiedene Ausführungen: den offenen und den geschlossenen Rand.

Der einfache offene Rand

Ist die Flechtarbeit fertig, wird die letzte Runde gefitzt, fest angezogen und das Ende des Flechtfadens etwa 2 cm tief in das Geflecht eingesteckt. Dann werden die Staken 0,5 bis 1 cm über der letzten Runde mit einem sogenannten Seitenschneider entfernt (Abb. 27).

Der Ösenrand

Er bietet eine weitere Möglichkeit für einen offenen Randabschluß. Die Staken werden auf etwa 10 cm gekürzt. Dann biegt man jede Stake zu einem flachen Bogen und steckt sie vor die nächste Stake in das Geflecht ein (Abb. 28).

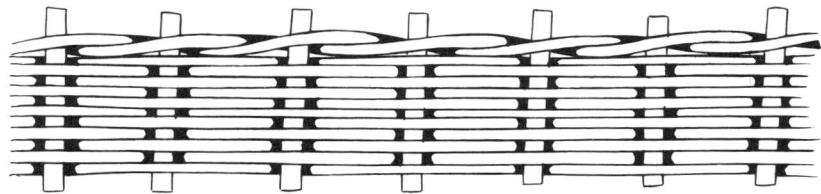

Abb. 27   Einfacher offener Rand.

Abb. 28   Ösenrand.

Gekreuzter Bogenrand

Beim gekreuzten Bogenrand wird jede Stake flach abgebogen und vor die übernächste Stake eingesteckt. Vor dem Einstecken wird mit einem Pfriem etwas vorgebohrt (Abb. 29).

Abb. 29   Gekreuzter Bogenrand.

26

Ansprechend ist auch die Variante des Bogenabschlußrandes, bei der man mit Stakenpaaren arbeitet. Die erste Stake eines jeden Paares bleibt stehen, die zweite wird hinter das nächste Stakenpaar gelegt und jeweils vor das nächstfolgende in das Geflecht eingesteckt. Zum Schluß werden die stehengebliebenen Staken 1 cm über dem Bogen mit dem Seitenschneider abgeschnitten (Abb. 30). Entfernt man die Staken 1,2 cm unter dem Bogen, erhält man wieder einen anderen Rand.

Abb. 30   Offener Randabschluß mit Stakenpaaren.

Geschlossene Ränder

Beim einfachsten Randabschluß legt man die einzelnen Staken hinter die nächste, vor die folgende und hinter die nächstfolgende (Abb. 31).

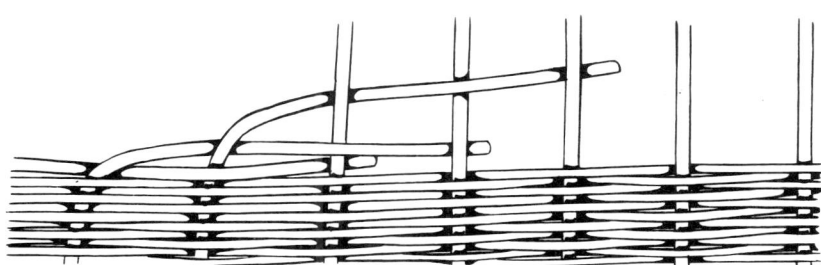

Abb. 31   Stake I wird hinter die nächste, vor die folgende und hinter die nächstfolgende gelegt.

27

Einen noch einfacheren Abschluß, der zumeist mit sehr dicken Staken ausgeführt wird, erhält man folgendermaßen: Die Staken werden vor die nächste und hinter die folgende angelegt (Abb. 32).

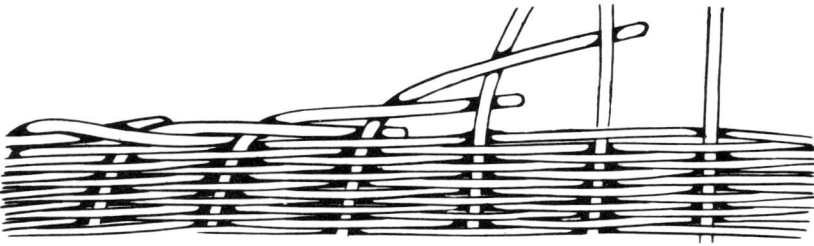

Abb. 32 Stake I wird vor die nächste und hinter die folgende angelegt.

Beim nächsten Rand werden die Staken hinter die nächste, vor die beiden folgenden, hinter die nächstfolgenden angelegt (Abb. 33).

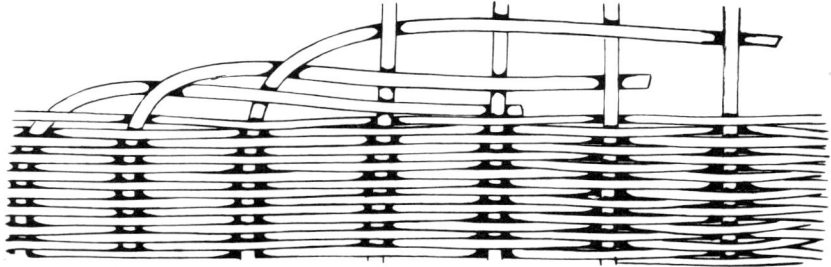

Abb. 33 Stake I wird hinter die nächste, vor die beiden folgenden, hinter die nächstfolgende angelegt.

. Auf Abb. 34 sieht man eine andere Art, den Rand zu befestigen. Die Staken werden vor die beiden nächsten und hinter die nächstfolgende angelegt.

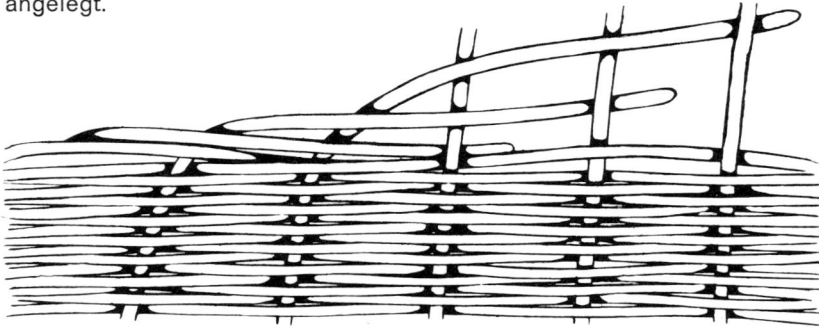

Abb. 34 Stake I wird vor die beiden nächsten und hinter die nächstfolgende angelegt.

28

Zuschlagrand

Der Zuschlagrand wird wohl am häufigsten gearbeitet. Hierzu wird Stake I
rückwärts um Stake II nach vorn gelegt; Stake II rückwärts um Stake III
nach vorn; und Stake III rückwärts um Stake IV nach vorn (Abb. 35).
Dann legt man Stake I vorne um 2 Staken, rückwärts um Stake V wieder
nach vorn, die aufrechtstehende Stake IV legt man daneben (Abb. 36). Für
Stake II und III gilt der gleiche Arbeitsgang, so daß nun 3 Stakenpaare
nach vorn hängen (Abb. 37).
[Nun legt man die rechtsliegende Stake des ersten vorn hängenden
Stakenpaares vorn über 2 Paare, rückwärts um eine aufrechtstehende
Stake wieder nach vorn, die erste stehende Stake wird dann daneben
gelegt.] Von [bis] wiederholen. Die links liegende Stake aus den Paaren
bleibt vorerst liegen und wird erst nach Fertigstellung des Randes abgeschnitten. Soll der Rand ein wenig breiter werden, kann man die außen
hängenden Staken auch noch weiter verflechten: jede Stake unter die
nächste legen und über die folgende nach innen einstecken (Abb. 38).

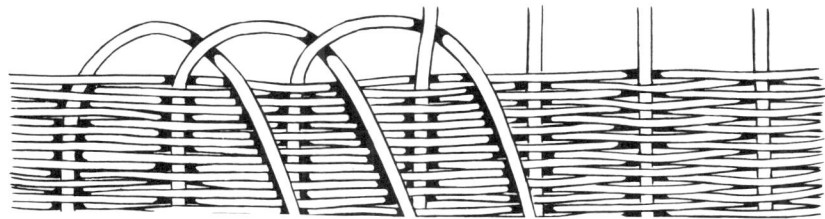

Abb. 35   Zuschlagrand; 1. Arbeitsgang.

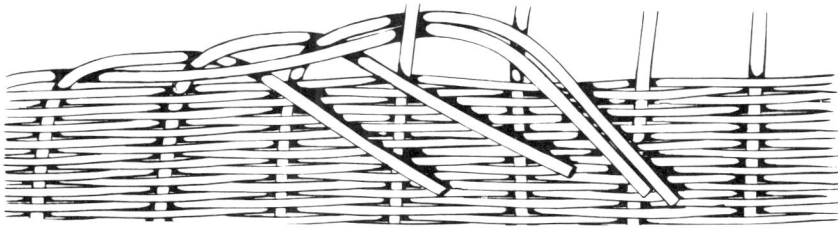

Abb. 36   Zuschlagrand; 2. Arbeitsgang.

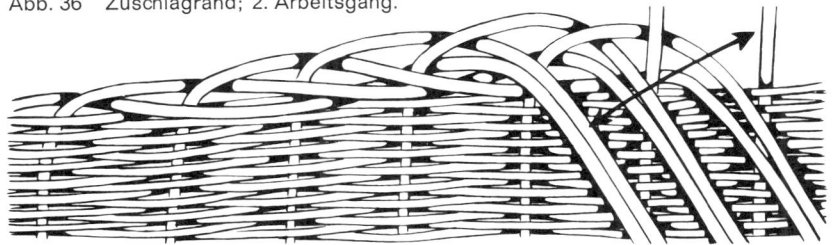

Abb. 37   Zuschlagrand; 3. Arbeitsgang (siehe Pfeil).

Abb. 38 Verbreiteter Rand; außen hängende Staken werden weiter verflochten.

Gezogener Rand

Zu den geschlossenen Rändern gehört auch der gezogene Rand, auch Madeirarand genannt.

Dieser wird mit doppelten oder dreifachen, gut geweichten Staken direkt vom Boden ausgeführt, wobei die rechte Seite des Bodens oben liegt. In der richtigen Randhöhe werden die Stakenbündel nach rechts, schräg zum Geflecht heruntergezogen, indem man sie über das nächste, unter das folgende, über das darauffolgende, hinter das nächstfolgende nach außen legt.

Die nun außen hängenden Bündel werden am Boden entlang zu einem Zopf verflochten. Dazu legt man ein Stakenbündel nach rechts unter das nächste, über das folgende und unter das nächstfolgende, wo es liegenbleibt und später nicht zu kurz abgeschnitten wird (Abb. 39).

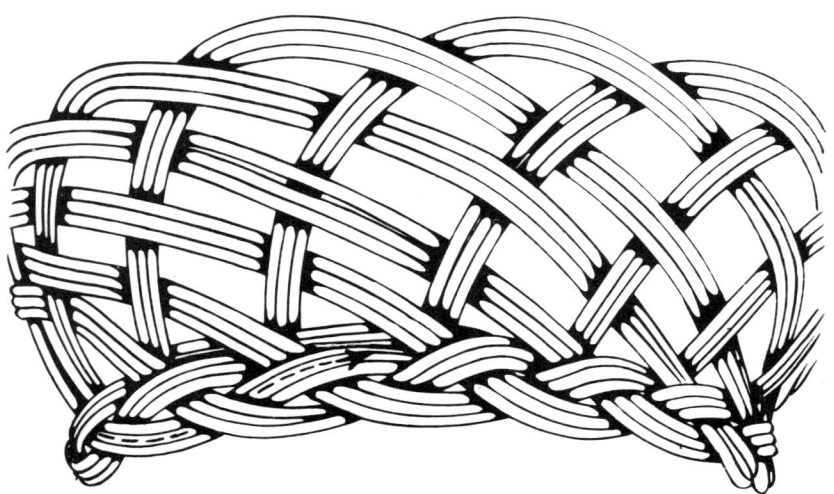

Abb. 39 Gezogener Rand mit angeflochtetem Fuß.

Der gezogene Rand ist bei Tablettumflechtungen modern. Die Löcher müssen in den Bodenplatten so groß sein, daß man 2 Staken durchziehen kann; die nach unten durchhängenden Staken werden zu einem „doppelten Füßchen" verflochten. In der Höhe, die der fertige Rand bekommen soll, werden die gut gefeuchteten Stakenpaare abgebogen und schräg nach rechts unten, einmal vor, hinter, vor, hinter vor und unten an der Bodenplatte hinter dem 6. Stakenpaar angelegt (Abb. 40).

Hübsch sieht der Rand auch aus, wenn man die Stakenpaare zunächst hinter zwei, vor einem, hinter einem, vor, hinter, vor und hinter dem 8. Stakenpaar am Boden anlegt.

Je mehr Staken man umflechtet, desto fester wird der Rand.

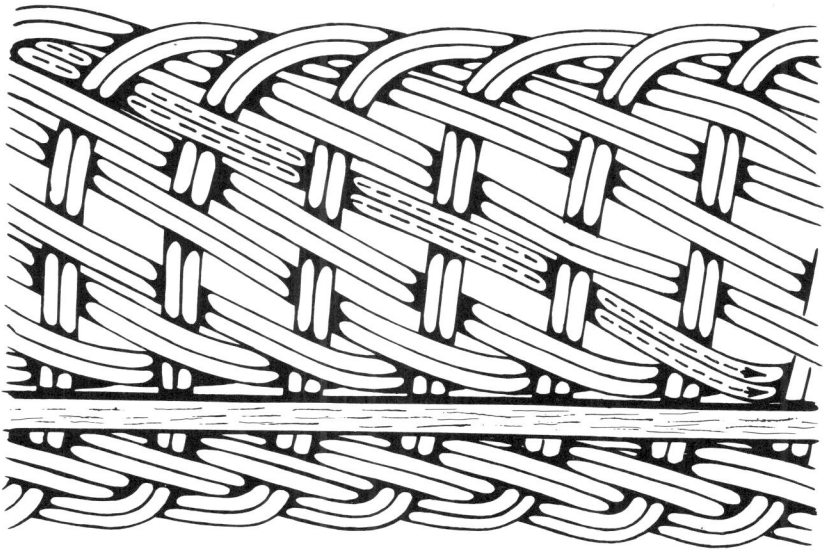

Abb. 40   Der gezogene Rand wie er für Tablettumflechtungen gearbeitet wird, auf der Unterseite der Bodenplatte sind die Staken zu einem „Doppelten Füßchen" verflochten.

Das Umflechten von Flaschen, Vasen usw.

Die Umflechtung gibt den Gegenständen eine größere Haltbarkeit; sie kann bei guter Ausführung selbst wertlosen Dingen, alten Flaschen, Dosen usw., einen neuen Verwendungszweck geben.
Das Umflechten beginnt wie beim runden Korbboden. Die Staken müssen über den Flaschenhals hinausragen, damit man einen Abschluß flechten kann. Der Faden muß beim Flechten straff angezogen werden, damit keine Hohlräume entstehen.

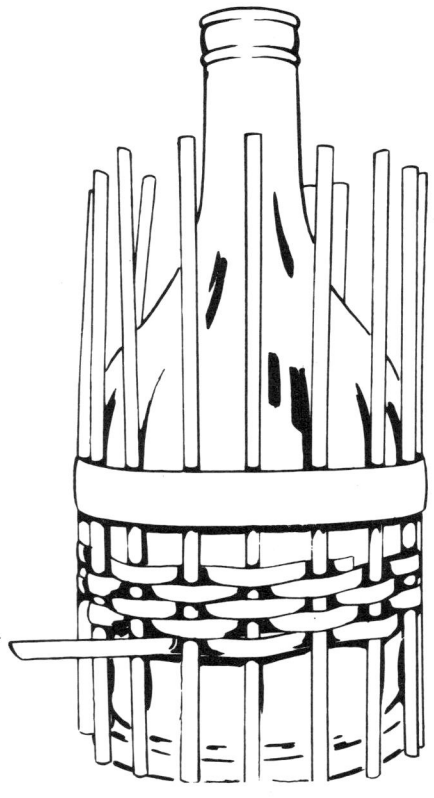

Abb. 41
Damit die Staken einen Halt bekommen, legt man sie in Abständen von 1,5 - 2 cm unter das Gummiband.

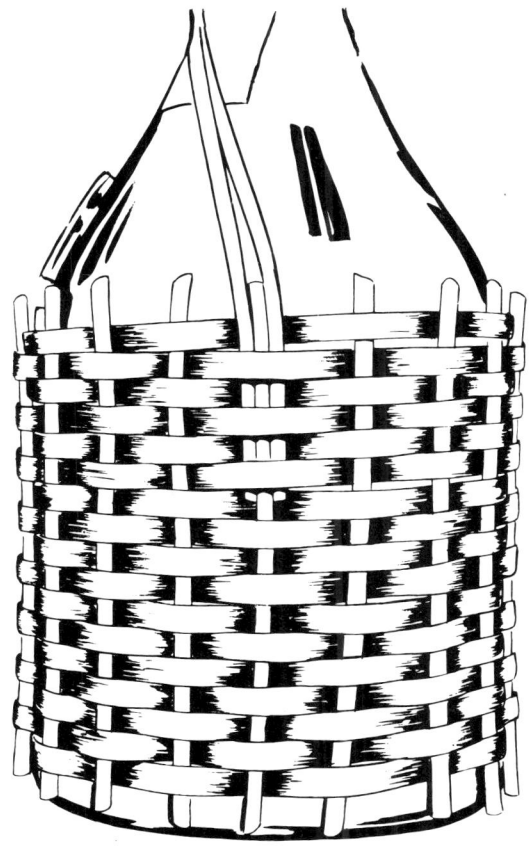

Abb. 42
Der Randabschluß
wurde wie Abb. 32
gearbeitet.

Wird der Boden wegen der besseren Standfestigkeit nicht umflochten, arbeitet man folgendermaßen: die Staken, die oben und unten etwa 10 cm überstehen müssen, werden in Abständen von 1,5 cm unter ein breites Gummiband, das man vorher um den Gegenstand gelegt hat, geschoben. Dann wird der zu umflechtende Gegenstand umgedreht, so daß der Boden nach oben zeigt. Dann beginnt man zu flechten; ist der untere Rand erreicht, wird das Gummiband entfernt und der Gegenstand wieder gedreht. Jetzt beginnt man mit dem Flechten dort wo man vorher begonnen hat und arbeitet normal weiter. Ist die Flechtarbeit beendet, werden die überstehenden Staken oben und unten geweicht und als Abschluß der Rand (Abb. 32) geflochten. Falls der Gegenstand nur in der unteren Hälfte umflochten wird, kann man auch den Randabschluß Abb. 27 arbeiten.

33

Korbdeckel und Henkel

Korbdeckel werden wie Böden gearbeitet. Beim Arbeiten von Henkeln muß auf die Festigkeit geachtet werden. Deshalb werden dickes Peddigrohr oder dünne Bambusstäbe verwendet. Die Enden werden ein wenig abgeschrägt und tief in den Hohlraum neben einer Stake in das Geflecht eingesetzt. Erst dann werden ein oder mehrere Flechtfäden unter dem Abschlußrand durchgezogen, über den Rand gelegt, um den Henkel geschlagen und in dichten Windungen um den Henkel geflochten (Abb. 43). Ein anderer Henkel wird folgendermaßen hergestellt: viermal werden je 2 Staken an zwei gegenüberliegenden Seiten bis zum Boden in das Geflecht eingesteckt. Die Staken werden dann etwa 1 cm über dem Rand zu einem Strang zusammengelegt und mit einem gut gefeuchteten Flechtfaden aus Peddigrohr Nr. 1 dicht umwickelt. Das Ende des Flechtfadens wird unter die letzten Windungen eingesteckt.

Bei leichteren Körben kann man den Henkel aus Staken arbeiten, die im voraus länger berechnet wurden. Die Enden werden dann in der Mitte übereinander gelegt, umflochten oder mit Peddigbast umwickelt.

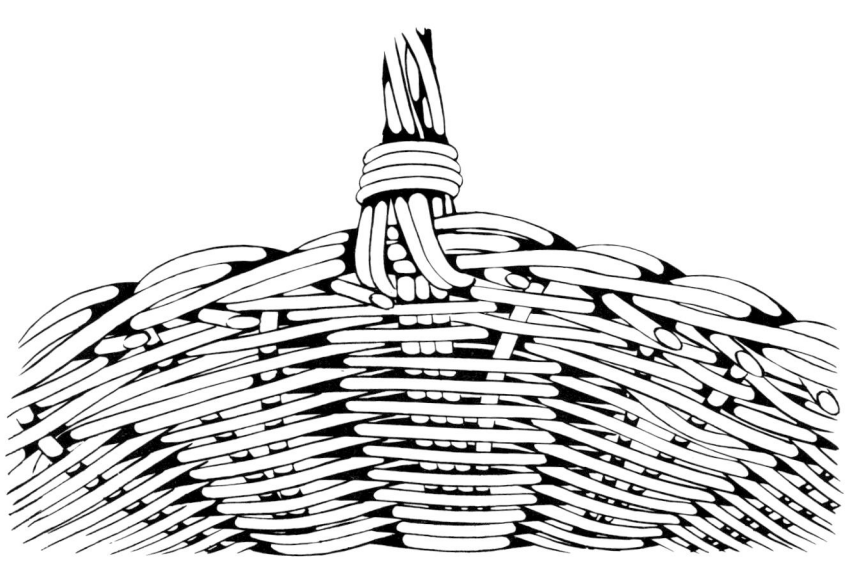

Abb. 43 Henkel über drei Staken gewunden.

34

Ringe

Ringe verwendet man zur besseren Handhabung und Öffnung der Deckel sowie als Tragegriffe bei Wäschetruhen usw.

Ein einfacher Ring wird je nach seinem Verwendungszweck aus dünnerem oder stärkerem Peddigrohr gearbeitet. Ein Flechtfaden wird wie Abb. 44a durchgeschlungen und in lockeren Windungen um den Ring gelegt, bis er wie Abb. 44b geschlossen ist. Dann werden die beiden Fadenenden durch den Deckel oder Korb nach innen gezogen und dort verflochten. Wenn die beiden Fadenenden noch lang genug sind und der Ring noch stärker werden soll, kann man die Enden noch einmal herumführen (Abb. 44c) und zwar so, daß der laufende Faden sich in die durch die letzte Fadenlage gebildete Rille legt.

Abb. 44   Arbeiten von Ringen.

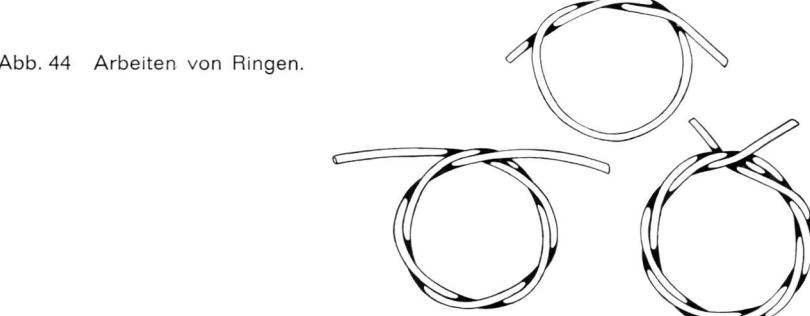

Das Arbeiten mit Bodenplatten

Für Bodenplatten eignet sich 4 - 5 mm starkes Holz, furniert oder mit Resopal belegt.

Resopal hat eine schöne, glatte, kratzfeste Oberfläche; es wird in verschiedenen Farben und Mustern angeboten. Der einzige Nachteil ist der leider etwas hohe Preis.

Furnierplatten sind billiger; sie lassen sich gut verarbeiten und sind außerdem sehr haltbar. Die Bodenplatten kann man sich beim Schreiner zuschneiden lassen oder in einem Bastelgeschäft besorgen, auf Wunsch sogar mit vorgebohrten Löchern.

Nachstehend eine Tabelle der angebotenen Größen mit den Verwendungsmöglichkeiten:

9 cm ⌀   als Bodenplatte für kleine Blumenübertöpfe.
11 cm ⌀   als Bodenplatte für große Blumenübertöpfe.
18 cm ⌀   als Bodenplatte für Papierkörbe, Schirmständer und Ampeln.
33 cm ⌀   als Bodenplatte für Wäschetruhen und kleine Tabletts.
40 cm ⌀   als Bodenplatte für große Tabletts und Spiegel.
50 cm ⌀   als Bodenplatte für Teewagen und kleine Tischplatten.
6 x 12 cm als Bodenplatte für Menagen.
20 x 25 cm als Bodenplatte für Flaschenträger, Brotkörbchen usw.
20 x 35 cm als Bodenplatte für kleine Tabletts.
34 x 45 cm als Bodenplatte für große Tabletts.

Bei rechteckigen Bodenplatten werden die Ecken mit einer Feile abgerundet. Sie lassen sich dann nicht nur besser umflechten, sondern sind auch vorteilhafter im Gebrauch.

Auf einer 5 mm vom Rand entfernten Linie werden im Abstand von $1^{1}/_{2}$ bis 2 cm die Markierungen für die Löcher angebracht; die Anzahl muß ungerade sein. Zum Bohren verwendet man einen Bohrer in der Stärke der Staken. Die Platte samt der Kanten wird nun mit einem Schleifholz (ein Holzklotz oder Kork mit darübergezogenem feinem Sandpapier) schön glatt geschliffen.

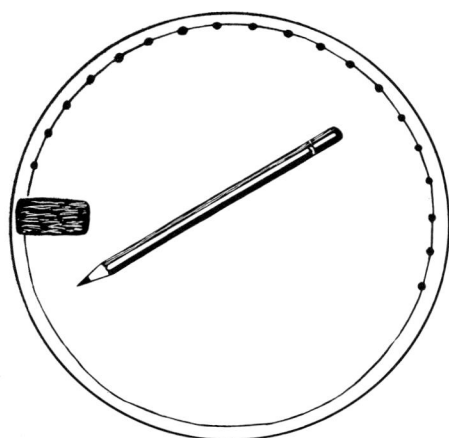

Abb. 45
Um die Markierungen nicht immer wieder ausmessen zu müssen, besorgt man sich ein Hölzchen von 1,5 cm Breite.

Die so bearbeitete Platte kann man nun entweder mit einem klaren Lack streichen, mit Selbstklebefolie bekleben oder mit dünnem Stoff beziehen. Entscheidet man sich für Selbstklebefolie, wird die untere Schutzschicht entfernt und die Folie auf die Platte geklebt. An den Rändern muß sie so stark angedrückt werden, daß sich die Randkante abzeichnet. Dann wird das Schleifholz schräg auf die Kante gesetzt und die überstehende Folie abgeschliffen. Durch den Schleifdruck haftet sie besonders fest. Würde man sie nach unten umlegen, kann sich die Folie später durch Einfluß von Feuchtigkeit ablösen.

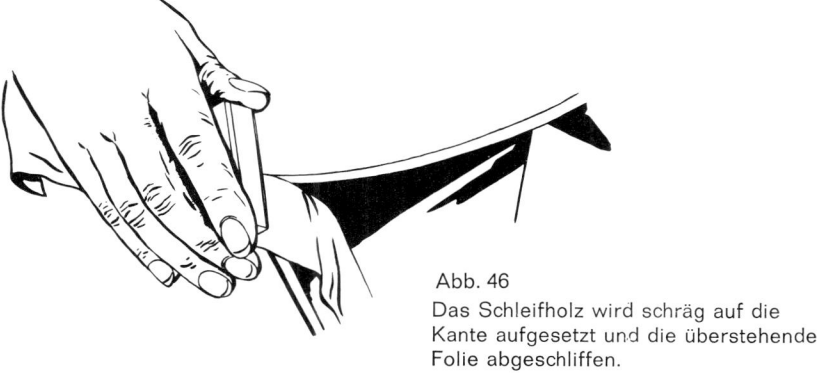

Abb. 46
Das Schleifholz wird schräg auf die Kante aufgesetzt und die überstehende Folie abgeschliffen.

Beim Beziehen mit Stoff wird die Platte dünn mit Weißleim eingestrichen, der Stoff vorsichtig aufgelegt und zu den Rändern hin festgestrichen. Anschließend wird der Stoff über die Randkanten gelegt und dort mit kleinen Nägelchen befestigt oder angeklebt. Der überhängende Stoff wird mit einer Schere abgeschnitten. Auf den Stoff kann man noch eine klare Plastikfolie bringen, die an den Rändern auf den Stoff aufgeklebt wird; dadurch wird der Stoff wasserfest. Versiegelt man den Stoff mit einem Tapetenschutzlack, ist er gegen Feuchtigkeit geschützt.
Nach dem Bekleben werden die vorgebohrten Löcher mit einer Stricknadel, die genau so stark wie die Peddigrohrstaken sein soll, durchgestochen.

Einfache Füßchen
Die etwa 30 cm langen Staken werden in lauwarmes Wasser gelegt, damit sie biegsam werden. Die geweichten Staken werden dann durch die Löcher gezogen, bis sie 5 cm unter dem Boden hervorstehen und zu einem einfachen Füßchen (Abb. 48) verflochten. Dazu legt man eine Stake an der nächsten außen vorbeiführenden innen neben die dritte an. Die zweite legt sich dann darüber.

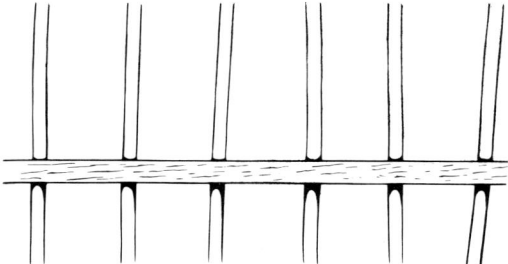

Abb. 47
Die an den unteren Enden
gefeuchteten Staken werden
so weit durch die Bodenplatte
gezogen, bis sie unter 5 cm
herausragen.

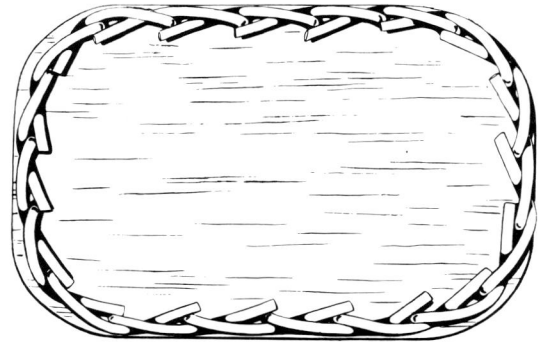

Abb. 48
Das „Einfache Füßchen".

Doppelte Füßchen

Ein doppeltes „Füßchen" wird folgendermaßen gearbeitet: eine Stake
wird hinter die nächste, vor die folgende und hinter die nächstfolgende
angelegt (Abb. 40). Damit das „Füßchen" fest am Boden anliegt, zieht
man sämtliche freistehende Staken nach.
Zur Herstellung der Umrandung wird ein langer Peddigrohrfaden, der
zwei Nummen feiner als die Staken ist, in der Mitte einer Längsseite
hinter einer Stake angelegt und versetzt geflochten. Beim Umflechten
sollen die Staken ihre gleichmäßigen Abstände behalten, damit sie sich
nicht zueinanderneigen oder gar nach innen oder außen ausweichen.
Durch sorgfältiges, gleichmäßiges, nicht zu festes Flechten erhält man
einen gerade aufsteigenden Rand. Besonders an den Ecken darf der
Flechtfaden nicht zu straff gezogen werden, da die Staken sich sonst nach
innen neigen. Wichtig ist auch, daß der Schluß der letzten Runde am
Anfang der ersten Runde liegt; sonst wird der Rand schief. Der Randabschluß wird immer durch einen geschlossenen oder gezogenen Rand
gebildet.

Bearbeiten des fertigen Geflechts

Da Peddigrohr porös ist, zieht es leicht Staub an. Ist eine Peddigrohr-arbeit einmal schmutzig geworden, so kann sie in Seifenlauge mit einer Bürste gereinigt werden. Sie darf aber weder in der Sonne noch am Ofen getrocknet werden, sondern luftig im Schatten.

Ist ein geflochtener Gegenstand durch langen Gebrauch unansehnlich geworden, färbt man ihn mit wasserlöslicher Holzbeize oder mit Kaliumpermanganat (in jeder Drogerie erhältlich). Man erzielt damit schöne, braune Farbtöne. Diese Verjüngungskur kann nur bei unlackierten Gegenständen angewandt werden.

Das Färben muß aber sorgfältig und mit äußerster Vorsicht geschehen, denn jeder Farbspritzer gibt einen nicht mehr entfernbaren Flecken. Am besten deckt man die Arbeitsfläche mit Zeitungspapier ab und schützt die Hände durch Gummihandschuhe.

Zwei Eßlöffel Beize oder ein Eßlöffel Kaliumpermanganat werden in heißem Wasser aufgelöst. Die Flechtarbeit muß während des Färbens ständig unter der Brühe gehalten und gedreht werden. Ist der gewünschte Farbton erreicht, läßt man die Farbflüssigkeit gut abtropfen, spült mit klarem Wasser nach und legt das Geflecht zum Trocknen auf eine Papierunterlage. Peddigrohrfäden können auch vor dem Verarbeiten so gefärbt werden. Ist der Gegenstand trocken, streiche man ihn mit klarem Lack.

Fertige Flechtarbeiten, sofern sie nicht anders bearbeitet werden sollen, streicht man in jedem Fall mit farblosem Lack. So werden sie schmutzunempfindlicher und sehen auch hübscher aus.

Wenn Peddigrohrarbeiten mit weißer oder farbiger Lackfarbe gestrichen werden, muß das Geflecht mit einer Grundierungsfarbe einmal vorgestrichen werden. Bringt man die Lackfarbe ohne Vorstrich auf das Geflecht, zieht sie zu sehr ein und man muß des öfteren nachstreichen. Dann liegt die Farbe aber zu dick auf dem Geflecht auf und verwischt die Konturen.

Peddigrohrarbeiten können auch geräuchert werden, und zwar mit Pyrogallolsäure und Salmiakgeist (in Drogerien erhältlich).

Die Pyrogallolsäure wird in einer Plastikschüssel $1/2$ - $2^0/o$ig, je nach Farbintensität, in warmem Wasser aufgelöst. Der Flechtgegenstand wird so in die Lösung getaucht, daß er überall gleichmäßig durchtränkt ist. Auf einer dicken Zeitungspapierlage gut abgetropft, kommt er dann sofort in einen gut verschließbaren, starken Pappkarton, in dem auf einem Glastellerchen Salmiakgeist aufgestellt wurde. In dem Karton entwickeln sich jetzt Dämpfe, wodurch sich der schöne Räucherton bildet. Es ist zu empfehlen, Gummihandschuhe anzuziehen.

Auch das Wachsen von Peddigrohrarbeiten ist beliebt. Verwendet wird ein gutes farbloses Bohnerwachs.

Beschreibungen von Beispielen

Untersetzer

Material: Peddigrohr Nr. 3 für die Flechtfäden
         Peddigrohr Nr. 5 für die Staken (4 Staken, etwa 38 cm lang)

Am besten beginnt man mit einem solchen Untersetzer. Er wird genauso gearbeitet wie ein Korbboden. Die Staken werden wie Abb. 3 übereinandergelegt. Dann arbeitet man 10 Flechtrunden über 2 Staken. Nun werden die Paare „aufgebrochen" und jede Stake einzeln umflochten, bis man einen Durchmesser von 15 cm hat. Die letzte Runde wird dann verfitzt gearbeitet (Abb. 12). Das Fadenende wird abgeschnitten und neben eine Stake, etwa 2 cm tief, in das Geflecht eingesteckt. Als Abschluß arbeitet man den Ösenrand (Abb. 28).

Salzmandelkörbchen

Material: Peddigrohr Nr. 1 für die Flechtfäden
         Peddigrohr Nr. 2 für die Staken (16 Staken 25 cm lang)

In diesem hübschen Körbchen werden die Salzmandeln für die abendlichen Stunden angeboten. Arbeitet man sich gleich einen Satz von vier oder sechs Stück, können ruhig auch mal Gäste kommen. Geflochten wird, wie Abb. 3, bis zu einem Durchmesser von 13 cm. Dann wird der Flechtfaden straffer angezogen, so daß man einen kleinen Rand erhält. Ist dieser etwa 3 cm hoch, wird als Abschluß der Bogenrand (Abb. 30) gearbeitet.

Spiegel

Material: eine Bodenplatte 20 cm Durchmesser
Peddigrohr Nr. 7 für die Flechtfäden
Peddigrohr Nr. 9 für die Staken (49 Staken etwa 8 cm lang)

Dieser Spiegel paßt in die Diele, aber auch in das Schlafzimmer. Das hier gezeigte Vorbild ist nicht besonders gleichmäßig im Geflecht. Das kommt daher, weil die seitlich in den Plattenrand eingebohrten Löcher nicht genau in der Mitte des Randes liegen.
Die Staken werden in die Löcher eingeklebt. Die ersten drei Flechtrunden werden durch eine Kimme (Abb. 13) gebildet, dann folgen 10 einfache Runden und als Abschluß wird wieder eine Runde gekimmt. Zum Schluß werden die noch überstehenden Stakenenden mit dem Seitenschneider entfernt.

Übertopf

Material: Peddigrohr Nr. 5 für die Flechtfäden
Peddigrohr Nr. 7 für die Staken (8 Staken etwa 65 cm lang)

Weiße Übertöpfe lassen Grünpflanzen besonders gut zur Geltung kommen. Die Staken werden, wie Abb. 3, übereinandergelegt und bis zu einem Durchmesser von 15 cm umflochten. Dann werden die Staken geweicht, senkrecht nach oben gebogen und bis zu einer Höhe von 15 cm umflochten. Als Abschlußrand wird der Zuschlag, Abb. 35, gearbeitet.
Die fertige Flechtarbeit ist weiß lackiert.

42

Teeglaskörbchen

Material: Peddigrohr Nr. 00 für die Flechtfäden
Peddigrohr Nr. 0 für die Staken (16 Staken 50 cm lang, 2 Staken etwa 25 cm lang)

Die Teeglaskörbchen sind dekorativ und praktisch zugleich. Der Boden wird, wie Abb. 5, geflochten. Hat er die Größe des zu umflechtenden Teeglases, wird eine Runde gefitzt geflochten. Dann werden die Staken geweicht und um das Glas senkrecht nach oben gebogen. Nun kann man bis zu einer Höhe, die etwas mehr als die Hälfte des Glases ausmachen soll, weiterflechten oder aber Hohlsäume, Zierkanten usw. einarbeiten. Als Randabschluß kann sowohl ein offener als auch ein geschlossener Rand gewählt werden.

Einen besseren Stand bekommt das Körbchen, wenn man einen Ösen- oder gekreuzten Bogenrand arbeitet, die Stakenenden aber nicht nur einige cm, sondern mit Hilfe eines Pfriems neben den Stakenpaaren bis zum Boden einzieht. Dann wird die Flechtarbeit umgedreht, so daß der Boden nach oben zeigt. Die Stakenenden werden noch einmal angefeuchtet und zu einem „einfachen Füßchen" verflochten (Abb. 48).

Körbchen mit gezogenem Rand und angeflochtenem Fuß

Material: Peddigrohr Nr. 3 für die Flechtfäden
Peddigrohr Nr. 5 für die Staken (16 Staken 120 cm lang, 2 Staken 60 cm lang, 17 Staken 55 cm lang)

Gezogene Körbchen sind wieder sehr gefragt. Es wird in der Grundart (Abb. 5) bis zu einem Durchmesser von 18 cm leicht gewölbt geflochten. Dann werden neben den Stakenpaaren, mit Hilfe des Pfriems, die 17 Staken in den Boden eingesteckt. Jetzt wird die ganze Arbeit 10 Minuten geweicht. Danach werden die Dreierstränge bei einer Höhe von 9 cm, wie Abb. 39, zu einem gezogenen Rand verarbeitet. Das Flechten des Füßchens erfolgt wie auf Abb. 39 ersichtlich.

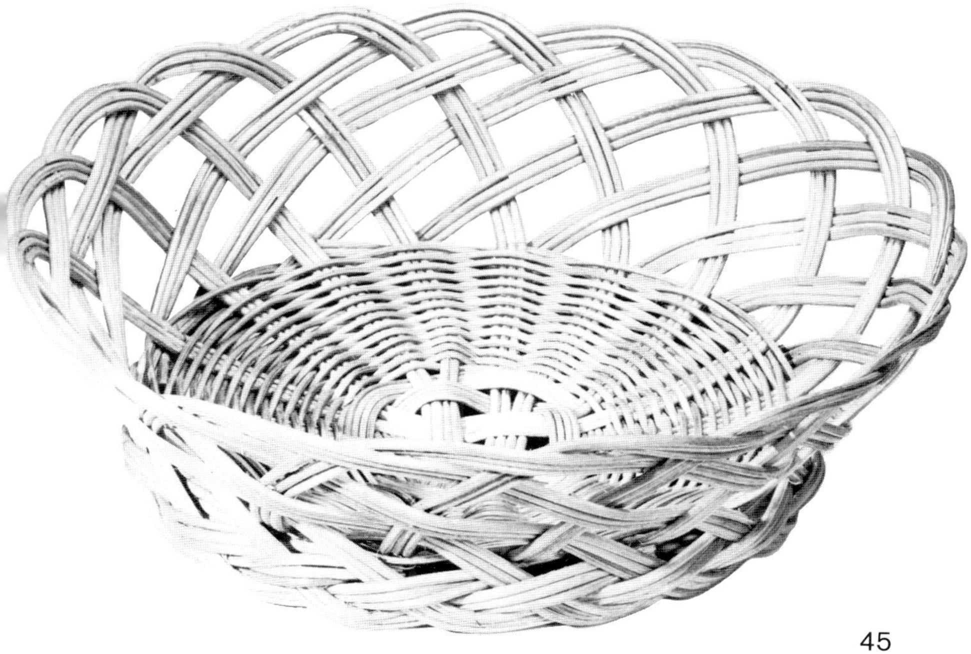

45

Körbchen mit Wachstuch abgefüttert

Material: Peddigrohr Nr. 5 für die Staken (13 Staken ca. 40 cm lang)
Peddigrohr Nr. 3 für die Flechtfäden
Ein Rest Wachstuch oder Filmdruckfolie

Der Boden wird wie Abb. 5 bis zu einem Durchmesser von 20 cm gearbeitet, die Staken geweicht und senkrecht nach oben abgebogen. Die Seitenwand bis 10 cm aufgeflochten und als Abschluß der Rand Abb. Nr. 35 - 37 gearbeitet.

Obstteller mit höher geflochtenen Seiten

Material: Peddigrohr Nr. 3 für die Flechtfäden
Peddigrohr Nr. 5 für die Staken (8 Staken 53 cm lang, 16 Staken etwa 18 cm lang)

Dieser Obstteller ist nicht nur praktisch, er ist auch eine Zierde für jeden Tisch. 8 Staken werden, wie Abb. 3, übereinandergelegt und bis zu einem Durchmesser von 25 cm geflochten. Dann werden die 16 Staken, mit Hilfe eines Pfriems, jeweils neben einer Stake etwa 4 cm in das Geflecht eingesteckt. Die nächste Flechtrunde wird dann gefitzt (Abb. 12). Nun werden die Staken gut geweicht und senkrecht nach oben gebogen und weiter umflochten. Sind die Seiten 3 cm hoch, wird über 8 Staken höher geflochten. Das geschieht folgendermaßen: nachdem man eine normale Runde gearbeitet hat, schlingt man den Flechtfaden um eine Stake und arbeitet auf der Innenseite über 8 Staken zurück. Jetzt wird der Faden um die 8. Stake geschlungen und normal weitergeflochten. Der zweite Flechtfaden, es handelt sich hierbei ja um eine gerade Stakenanzahl, wird wie gewöhnlich über diese Stelle gearbeitet. An 8 genau gegenüberliegenden Staken wird dieser Flechtvorgang wiederholt. Den Randabschluß bildet der Zuschlagrand (Abb. 35).

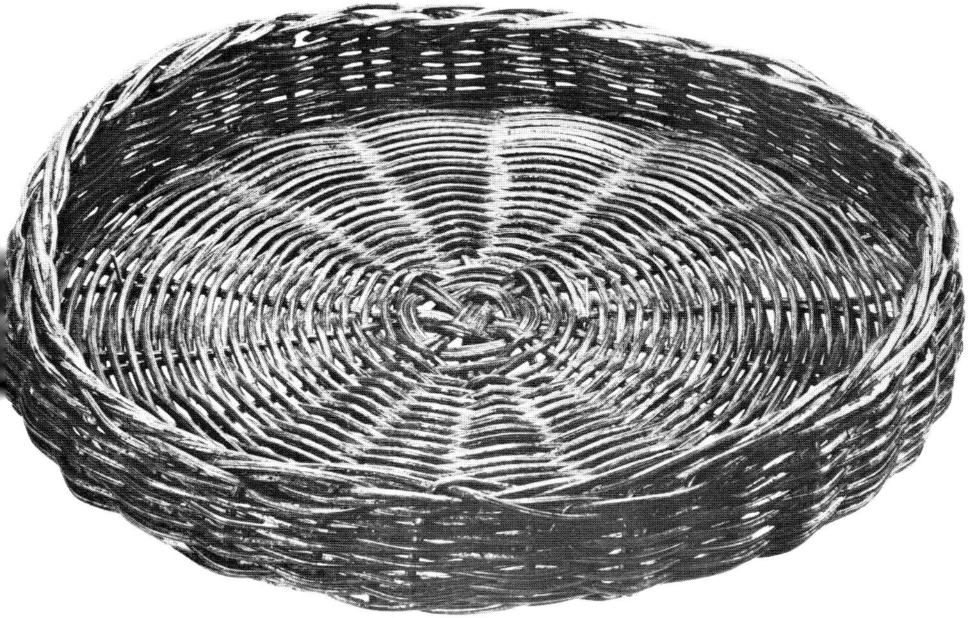

47

Obstkorb

Material: Peddigrohr Nr. 7 für die Flechtfäden und den Henkel
Peddigrohr Nr. 9 für die Staken (8 Staken etwa 55 cm lang, 16 Staken etwa 20 cm lang, 3 Staken etwa 73 cm lang für den Henkel)
einige Polsternägel und ein Rest Filmdruckfolie

Dieser Korb wird jederzeit ein willkommenes Geschenk sein. Der Anfang wird wie Abb. 3 gearbeitet. Dann wird solange ein flacher Teller geflochten, bis die Abstände zwischen den einzelnen Staken zu groß werden. Jetzt werden die 16 Hilfstaken neben die vorhandenen in das Geflecht eingesteckt. Es wird bis zu einem Durchmesser von 35 cm weiter gearbeitet, dann werden die Staken geweicht und als Abschluß der Rand (Abb. 35 - 38) geflochten. Nun wird der Teller geweicht und an zwei gegenüberliegenden Seiten nach oben gebogen und getrocknet. Für den Henkel werden drei Staken in der Mitte einer jeden Seite etwa 10 cm neben eine Stake in das Geflecht eingesteckt. Über diese wird dann wie Abb. 43 der Henkel gearbeitet.

48

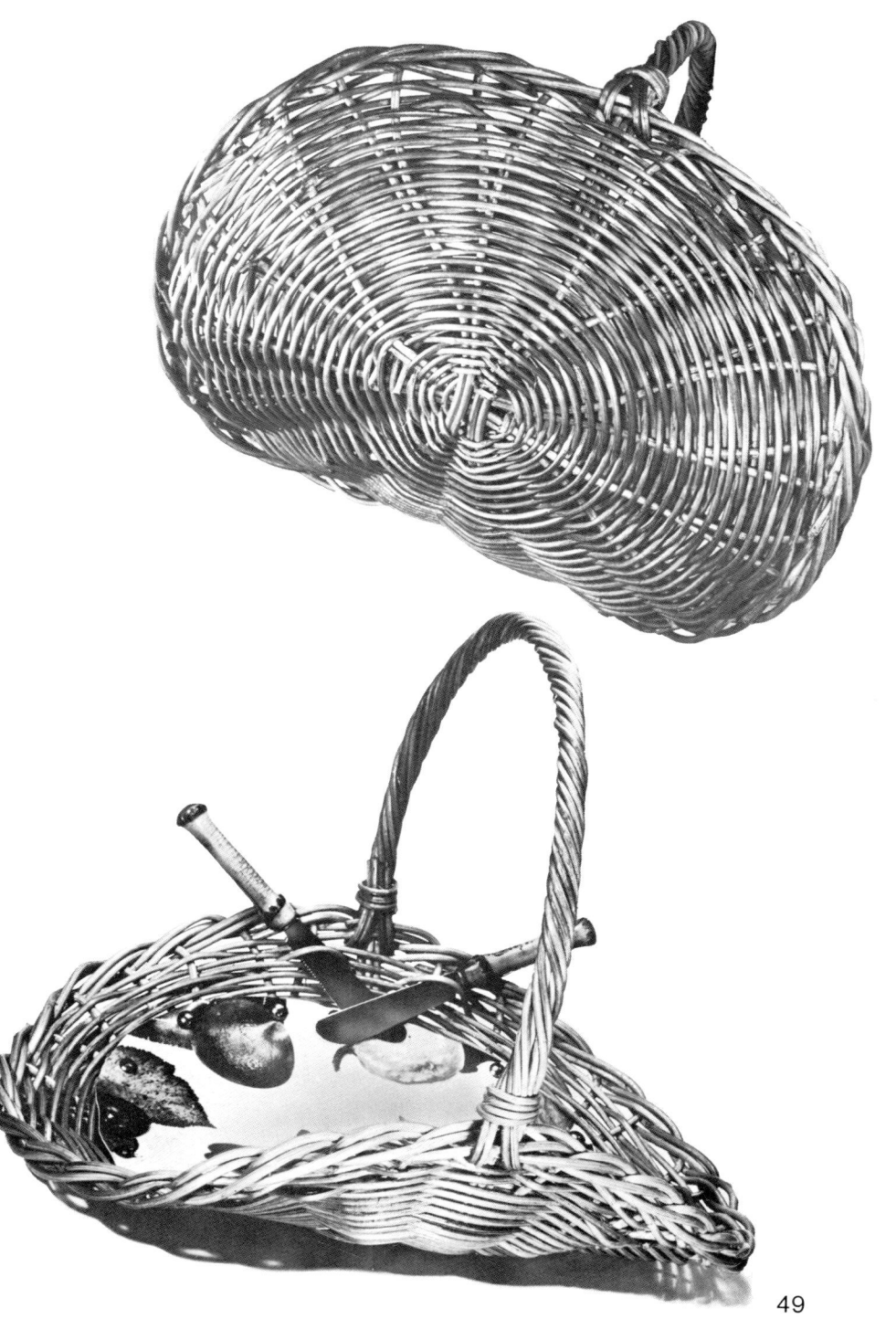

Kaffee- oder Teewärmer

Material: Peddigrohr Nr. 7 für die Staken (Anzahl je nach Größe des Wärmers)
Peddigrohrschienen als Flechtfäden
ein alter Kaffeewärmer, etwas Stoff

Dieser Kaffee- und Teewärmer läßt sich leicht pflegen und ist sehr haltbar. Er wurde über einem alten, ausgedienten Wärmer gearbeitet. Die Staken werden folgendermaßen berechnet: vordere Höhe + Breite + hintere Höhe + zweimal 10 cm für den Randabschluß. Da mit den Peddigrohrschienen die obere Rundung nicht zum Umflechten ist, wurde dort ein Stoffstreifen in der Auf- und Abtechnik durch die Staken gezogen und befestigt.

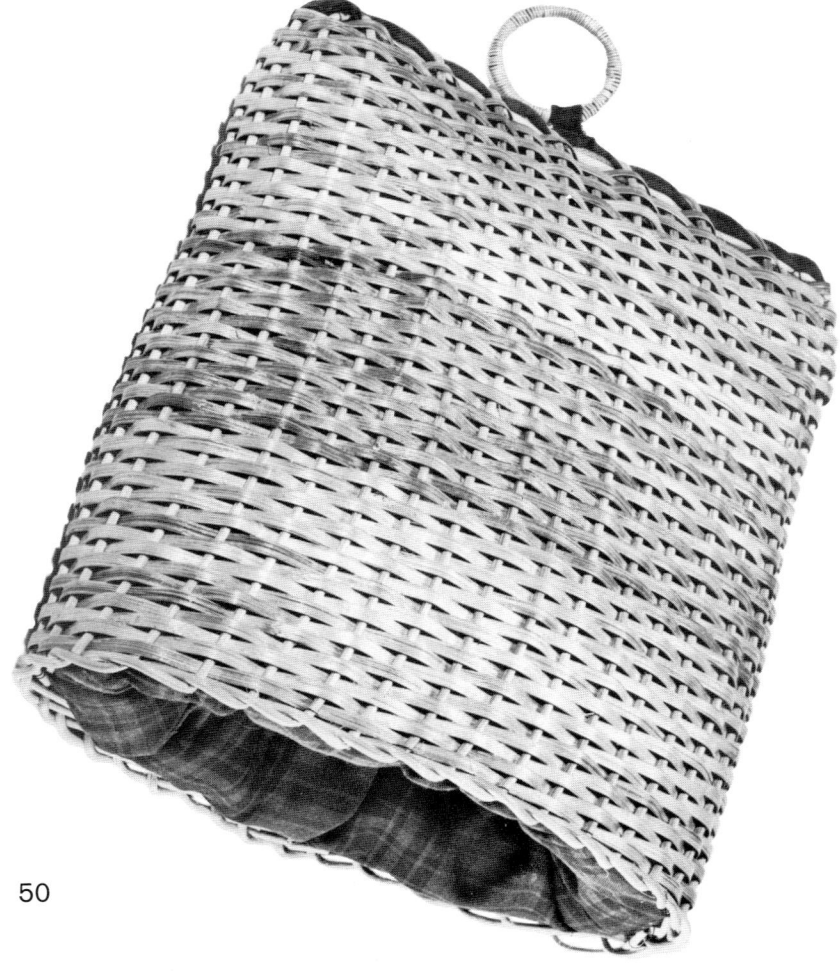

Eierkörbchen

Material: Peddigrohr Nr. 5 für die Staken (16 Staken 55 cm lang)
Peddigrohr Nr. 3 als Flechtfäden für den Boden
Peddigrohrschiene für die Seitenwände
etwas weißen Filz zum Abfüttern des Körbchens, ein Rest Schottenstoff
sowie ein wenig Pappe für den Deckel

Komplette Küchengarnituren, die durch Flechtmaterial und Stoffbezüge
aufeinander abgestimmt sind, sind heute besonders gefragt. Die Flechtarbeiten auf den nächsten Seiten sind daher auf diesen Trend ausgerich-
tet. Zum Flechten wurde hierbei geräuchertes Peddigrohr und als Be-
zugsstoff Schotten verarbeitet.
Das abgebildete Eierkörbchen gehört zu dieser Garnitur. Der Boden wird,
wie Abb. 3, bis zu einem Durchmesser von 19 cm gearbeitet und mit einer
gefitzten Runde (Abb. 12) abgeschlossen. Die geweichten Staken werden
nun senkrecht nach oben gebogen und mit geräucherter Schiene bis zu
einer Höhe von 8 cm umflochten. Als Abschluß wird der Zuschlagrand
(Abb. 35) gearbeitet. Wer etwas Geschick hat, wird das Körbchen innen
hübsch ausfüttern und aufteilen können; Der Deckel hat einen Durchmesser von 20 cm und einen Rand von 3$^1/_2$ cm Höhe.

Brotkörbchen

Material: Peddigrohr Nr. 5 für die Staken (94 Staken 30 cm lang)
87 cm Schiene
eine Bodenplatte 20 x 26 cm
ein Rest Bezugstoff und klare Plastikfolie in der gleichen Größe

Bei dem hier abgebildeten Brotkörbchen ist man von der üblichen ganz geflochtenen Art einmal abgegangen. Aber sieht es nicht hübsch aus? Auch größere Brotscheiben haben hierin noch Platz, dies ist bestimmt kein Nachteil. Die Bodenplatte wird, wie vorne beschrieben, gebohrt und bezogen. Als Rand wird dann der gezogene Rand (Abb. 40) geflochten. . Zum Schluß werden die Schiene und der Plattenrand mit einem Kontaktkleber eingestrichen; nach der vorgeschriebenen Trockenzeit wird die Schiene um den Rand geklebt und fest angedrückt.

Tablett mit gezogenem Rand

Material: eine Bodenplatte 35 x 45 cm
Peddigrohr Nr. 5 für die Staken (186 Staken etwa 30 cm lang)
ein Rest Schottenstoff, etwas klare Plastikfolie, ein Stück Schiene für die Randkante

Die Bodenplatte wird gebohrt, geschliffen und bezogen. Es werden dann jeweils 2 Staken wie Abb. 46 durch die Löcher gezogen und unter der Platte zu einem „doppelten Füßchen" (Abb. 40) verflochten. Dann wird der gezogene Rand (Abb. 40) gearbeitet. Zum Schluß wird die Peddigschiene um die Randkante geklebt.

52

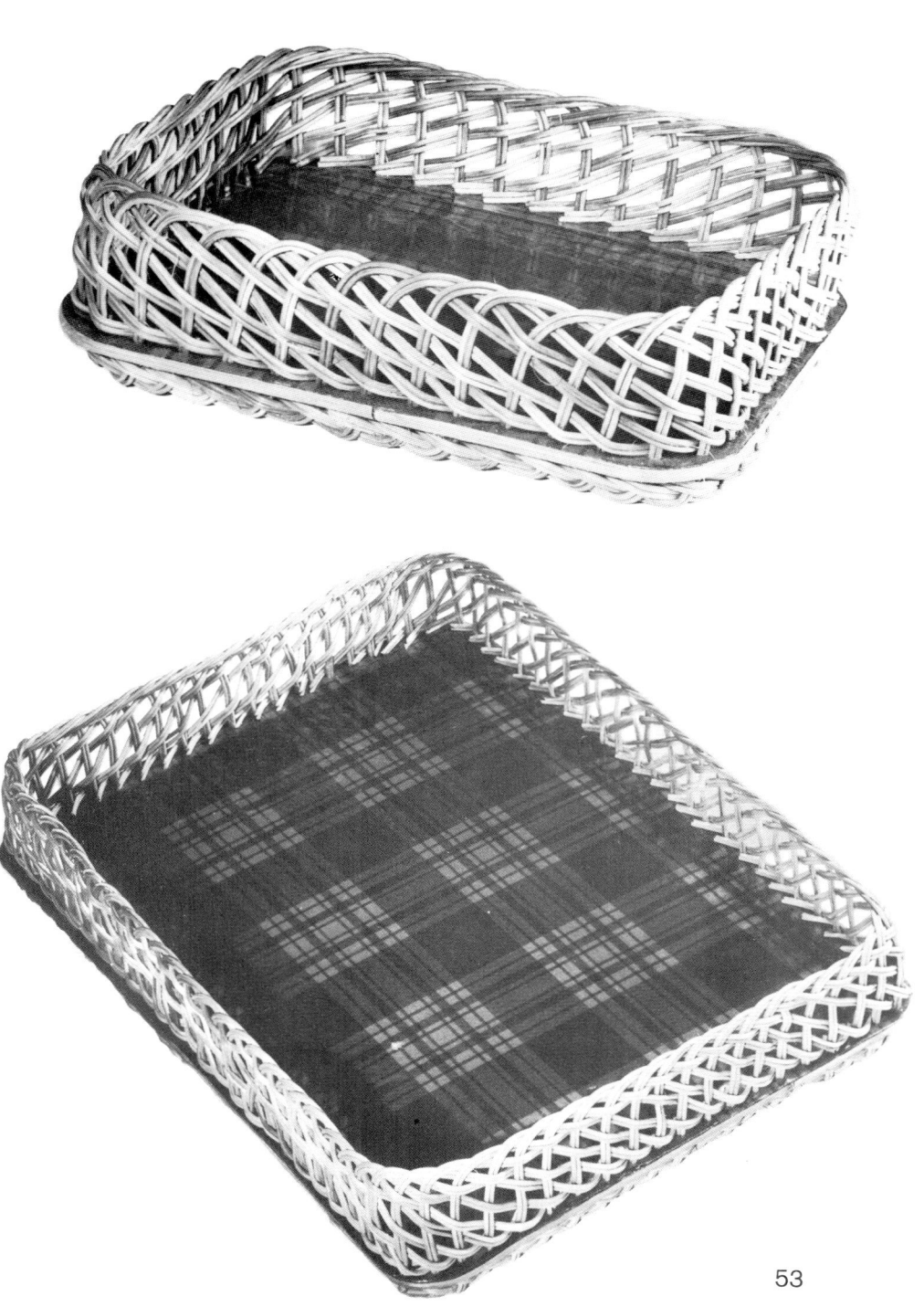

Material: Peddigrohr Nr. 5 geräuchert für die Staken
Peddigschiene geräuchert als Flechtfaden
ca. 75 cm flaches, braunes Lampenkabel, ein Stück Tesa-Film

Umflochtene Lampenfüße sind heute wieder sehr modern. Mit wenig Material und einer ausgedienten Flasche kann man sich diesen netten Gegenstand in kurzer Zeit arbeiten. Da der Lampenfuß einen sicheren Stand haben muß, ist eine schwere Steinhägerflasche am geeignetsten für die Umflechtung. Zunächst wird das Kabel mit Tesa-Film so auf die Flasche aufgeklebt, daß am Hals ca. 20 cm für die Montage der Fassung, am Boden ca. 30 cm für den Anschluß des Zwischenschalters übrig bleiben. Der Boden wird hier nicht umflochten; die Staken werden wie Abb. 41 auf den Flaschenkörper gebracht und mit Schiene umflochten. Der Abschlußrand am Boden und Hals wird wie Abb. 32 gearbeitet.

Flaschengarnitur

Als Abschluß wird der einfache offene Rand (Abb. 27) gearbeitet.

Futter für die Wäschetruhe Seite 56

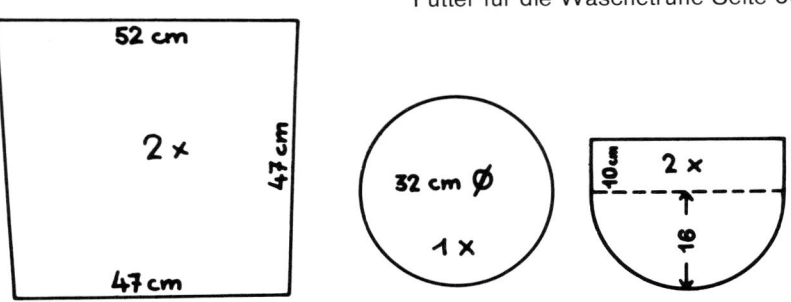

54

Wäschetruhe

Material: eine Bodenplatte 30 cm Durchmesser
Peddigrohr Nr. 9 für die Staken (41 Staken etwa 68 cm lang)
Peddigrohr Nr. 7 für die Flechtfäden
ein Stückchen Schiene, ein wenig Gummiband, 80 cm Deko-Stoff 1,20 m
breit

Diese Wäschetruhe ist nicht besonders groß und eignet sich daher fürs Kinderzimmer. Für den normalen Wäscheanfall einer Familie müßte der Durchmesser der Bodenplatte mindestens 50 cm sein. Die Bodenplatte wird gesägt, gebohrt und geschliffen. Die Staken werden, wie Abb. 46, durch die Platte gezogen und zu einem „einfachen Füßchen" verflochten. Die erste Flechtrunde über der Platte bildet eine Kimme mit 3 Flechtfäden (Abb. 13), dann wird normal bis zu einer Höhe von 10 cm geflochten, die letzte Runde wird gefitzt (Abb. 12). Die nächsten 23 cm Staken bleiben unbeflochten. Der obere Flechtteil beginnt wieder mit einer gefitzten Runde, es ist darauf zu achten, daß diese sehr straff gearbeitet wird, bei der Stärke des Flechtfadens wird der obere Teil sonst zu ausladend.

Nach 10 cm Flechtwerk werden die Staken geweicht und zu einem Zuschlagrand (Abb. 35) verflochten. Die außen hängenden Staken werden nicht entfernt, sondern weiter verarbeitet: die erste Stake wird unter die nächste gelegt, dann in das Geflecht nach innen eingesteckt und mit dem Seitenschneider sehr kurz und sorgfältig abgeschnitten. Dann wird die Randschiene angeklebt.

Möchte man den Korb ausfüttern, benötigt man zwei Stoffbahnen, die ein wenig konisch zulaufen und unten eine Breite von 47 cm, oben eine Breite von 52 cm haben. Diese werden dann aneinander genäht, so daß man einen Streifen erhält. Dann wird der Boden mit einem Durchmesser von 32 cm und die oberen halbkreisförmigen Abdeckstücke (an der geraden Seite 10 cm zugegeben) zugeschnitten. Der Streifen wird nun vorsichtig an den Boden und die Abdeckstücke, die vorher in der Mitte gesäumt und mit einem Köpfchen von 2 cm versehen wurden, angenäht. So ist das Innenfutter eigentlich fertig, aber jetzt kommt das Einheften in den Korb, es gehört ein wenig Geduld dazu, denn es ist nicht so einfach wie es aussieht. Mit einer Polsternadel, die man sich beim Schuster besorgen kann, und Handgarn wird das Futter mit wenigen Stichen an das Geflecht genäht. Zum Schluß wird das Gummiband durch das Köpfchen der Abdeckstücke gezogen und gut befestigt.

Wenn der Korb lackiert werden soll, muß dies natürlich vor dem Ausfüttern geschehen, da sonst der Stoff Flecken bekommen würde.

Blumenampel

Material: Peddigrohr Nr. 5 für die Staken (18 Staken etwa 40 cm lang)
Peddigrohr Nr. 3 für die Flechtfäden
Peddigrohr Nr. 0 zum Aufhängen der Ampel

Auf dem Balkon oder auch in der Wohnung findet diese Ampel bestimmt ein Plätzchen. Man kann sie in jeder beliebigen Größe arbeiten; die hier abgebildete Ampel hat einen Durchmesser von 23 cm. Der Flechtbeginn ist wie bei Abb. 3, es wird solange über 2 Staken gearbeitet bis der flache Teller einen Durchmesser von 18 cm hat. Dann wird als Abschluß eine Kimme (Abb. 13) mit 3 Flechtfäden gearbeitet. Nun werden die Staken geweicht und der Rand, Abb. 31, geflochten. Um dem Übertopf einen Halt zu geben, wird das Mittelgeflecht des Tellers im Durchmesser des Topfes mit dem Seitenschneider entfernt und der Übertopf in diese Öffnung eingesetzt. Zum Schluß werden die dünnen Peddigfäden zum Aufhängen angebracht.

Flaschenträger

Material: Peddigrohr Nr. 5 für die Staken (58 Staken 35 cm lang, 1 Stake 88 cm lang)
Peddigrohr Nr. 9 für den Henkel
Peddigschiene zum Bewickeln des Henkels
60 cm Peddigrohrschiene
eine Bodenplatte 19 cm Durchmesser
ein Rest Selbstklebefolie in Holzmaserung

Die Platte wird, wie schon beschrieben, vorbereitet, außerdem wird an zwei genau gegenüberliegenden Seiten dicht neben den Löchern für die Staken mit einem 9-mm-Bohrer je ein Loch eingebohrt. Dann wird die Platte mit Folie bezogen, die Stake für den Henkel gut geweicht und gebogen und in die vorgebohrten Löcher eingeleimt. Nun werden als zusätzliche Befestigung zwei Nägel durch die Randkante der Platte und die Henkelenden eingeschlagen. Dann wird der Rand, wie Abb. 40, in einer Höhe von 8 cm gearbeitet. Zum Schluß wird die Schiene um den Rand geklebt und der Henkel in dichten Windungen mit Peddigschiene umwickelt.

58

Blumenkorb

Material: eine Bodenplatte 23 cm Durchmesser, 2 cm stark
ein Stück Teak-Furnier
Peddigrohr Nr. 5 für die Flechtfäden und den Henkel
Peddigrohr Nr. 7 für die Henkelstaken (2 Staken etwa 72 cm lang,
1 Stake etwa 62 cm lang)
20 Furnierstaken etwa 10 cm lang und 2 cm breit

Dieser Korb eignet sich für Blumen und für Früchte. Die Bodenplatte wird gesägt, geschliffen und bezogen, dann werden auf zwei gegenüberliegenden Seiten im Abstand von 10 cm zwei Löcher in der Stärke der langen Henkelstaken gebohrt. Die Furnierstaken werden in Abständen von 2 cm mit Uhu-Kontakt um die Platte geklebt und die Zwischenräume auf der Randkante zwischen den Staken mit Furnier ausgefüllt. Dann wird der Korbrand etwa 9 cm hoch geflochten, hierbei muß die letzte Runde gefitzt werden (Abb. 12). Nun können die langen Henkelstaken in die Löcher eingeklebt werden, die dritte kürzere Stake wird in der Mitte hinter eine Furnierstake eingesteckt. Der Henkel wird nun, wie auf Abb. 43, beschrieben, gearbeitet. Zum Schluß werden die Staken mit einer scharfen Schere abgerundet.

Kleines Gebäckkörbchen

Material: eine Bodenplatte 11 cm Durchmesser
Peddigschiene für die Flechtfäden
Furnier für die Staken (9 Staken etwa 8 cm lang und 2 cm breit, 1 Stake
etwa 35 cm lang für den Henkel)
ein Stück Schiene

Dieses reizende Körbchen ist das i-Tüpfelchen auf dem Teetisch. Die Bodenplatte wird wie beschrieben bearbeitet. Die Staken werden in Abständen von $1^1/_2$ cm um die Randkante geklebt. Wenn sie fest angetrocknet sind, kann man mit dem Flechten beginnen. Nach 7 cm Höhe wird das Ende der Schiene hinter eine Stake angeklebt. Dann werden die Staken mit einer scharfen Schere abgerundet und die lange Henkelstake an zwei gegenüberliegenden Seiten hinter eine Stake in das Geflecht eingesteckt und festgeklebt. Zum Schluß wird die Randschiene angebracht.

60

Peddigrohrlampe, 40 cm Durchmesser

Material: Peddigrohr Nr. 6 für die Flechtfäden
Peddigrohr Nr. 8 für die Staken (12 Staken 70 cm lang)

In kurzer Zeit läßt sich die hübsche, in ihrer Lichtwirkung ungewöhnlich reizvolle Leuchte anfertigen. Die Flechtarbeit beginnt wie Abb. 5. Die geweichten Staken werden, sobald sie in Paare aufgeteilt sind, nach innen gebogen und mit ziemlich straffem Flechtfaden umflochten. Hat das Geflecht eine Höhe von 12 cm, wird der Flechtfaden locker um die Staken gelegt. Nach weiteren 10 cm folgt eine gefitzte Runde (Abb. 12) und ein 7 cm breiter Durchbruch (Abb. 26). Die Flechtarbeit beginnt wieder mit einer Fitzenrunde. Allmählich wird der Flechtfaden jetzt wieder angezogen, nach 6 cm Flechtwerk folgt als Abschluß der einfache offene Rand (Abb. 27).

Peddigrohr-Kugellampe, 37 cm Durchmesser

Material: Peddigrohr Nr. 5 für die Flechtfäden
Peddigrohr Nr. 7 für die Staken (16 Staken 120 cm lang)

Geflochtene Peddigrohrlampen schaffen Atmosphäre, sie eignen sich gleichermaßen für die Diele wie für eine gemütliche Sitz- und Leseecke. Die Staken werden, wie Abb. 3, übereinandergelegt und dann bis zu einem Durchmesser von 25 cm umflochten. Da es sich um eine gerade Stakenanzahl handelt, muß selbstverständlich mit zwei Flechtfäden gearbeitet werden. Jetzt wird die Flechtarbeit geweicht, damit man den Boden ein wenig wölben kann. Die Stakenpaare werden „aufgebrochen" und jede Stake einzeln umflochten, jetzt wird der Flechtfaden langsam, sehr langsam straffer angezogen, damit man eine allmähliche Rundung bekommt. Das Mittelstück der Lampe wird dann wieder locker gearbeitet, erst wenn sich die Kugel schließen soll, wird der Flechtfaden wieder angezogen. Als Abschlußrand wurde hier der Zuschlag (Abb. 35) gewählt.

62

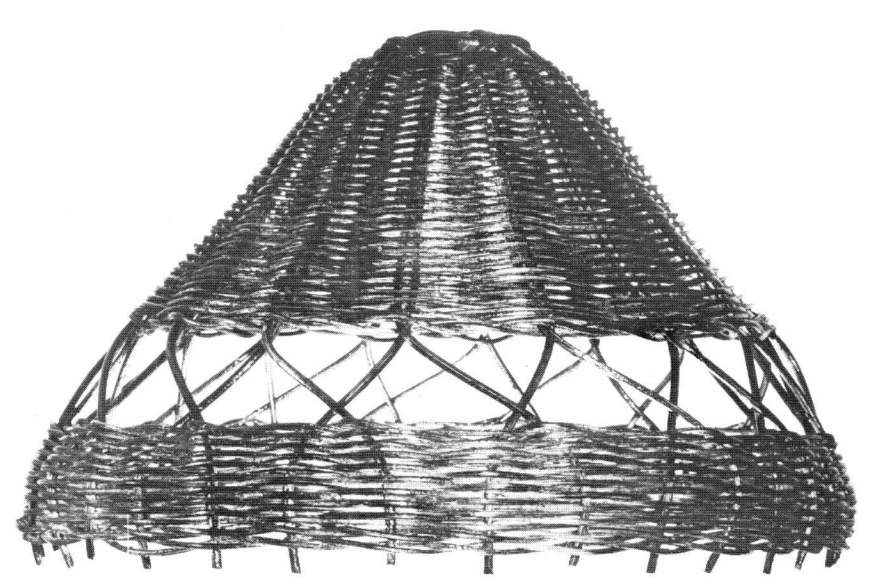

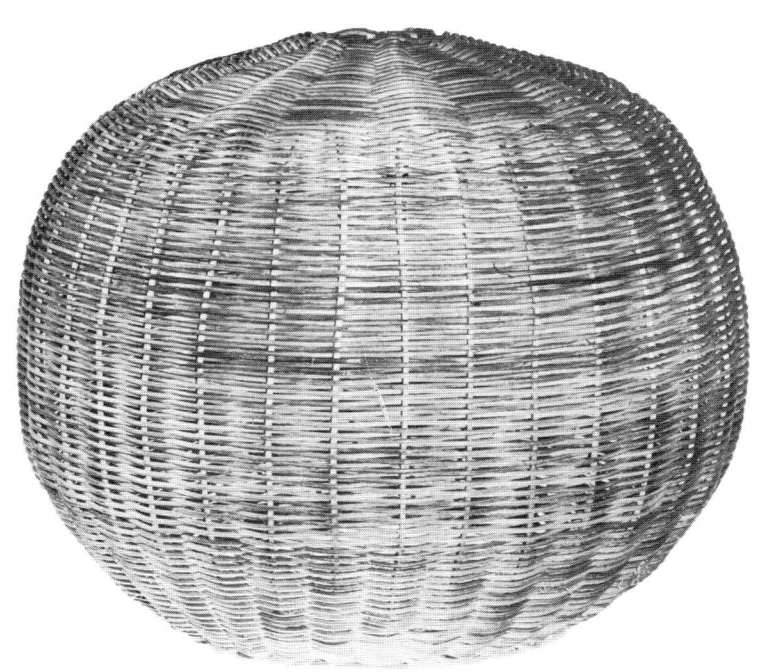

63

Gewürzflaschenhalter

Material: Peddigrohr Nr. 9 für die Staken (2 Staken 58 cm lang, 2 Staken 22 cm
lang, 1 Stake 40 cm lang)
eine ovale Bodenplatte 7 x 13 cm
36 cm Schiene
etwas Stoff und Folie

Der Gewürzflaschenhalter ist nicht wie sonst umflochten, sondern aus
dicken Staken zusammengesetzt. Zunächst werden an den beiden Längs-
seiten je 4 Löcher mit 4 mm ϕ gebohrt, jeweils 2 mal 1 cm von der Mitte
nach rechts und links. Dann wird die Bodenplatte abgeschliffen und bezogen. Die beiden 58 cm langen Staken werden jetzt in die beiden mitt-
leren Löcher eingeleimt, die anderen Enden auf der gegenüberliegenden
Seite. Die beiden 22 cm langen Staken werden geweicht, zu Halbkreisen
gebogen und in die seitlichen Löcher quer über das Bodenbrett hinweg
eingeleimt. Die 40 cm lange Stake wird ebenfalls geweicht, in eine ovale
Form gebracht und auf den seitlichen Halbkreisen, sowie an den Innen-
seiten des Henkels festgeleimt. Zum Schluß wird die Randschiene aufgeklebt und der Henkel mit Peddig-Schiene lose umwickelt.

Menage

Material: Peddigrohr Nr. 1 für die Staken (29 Staken 23 cm lang, 1 Stake 50 cm
lang)
Peddigrohr Nr. 1 für die Flechtfäden
eine Bodenplatte 5 x 11 cm
ein kleines Stückchen Stoff und Plastikfolie
30 cm Peddigrohrschiene
Peddigrohr Nr. 3 für den Henkel

Ist die Bodenplatte wie üblich bearbeitet und bezogen, werden die Staken, wie auf Abb. 46, durchgezogen und zu einem „einfachen Füßchen"
verflochten. Nun wird die Flechtarbeit umgedreht und der Rand ca. 2 cm
hoch geflochten. Als Randabschluß wird der Zuschlag, Abb. 35, gearbeitet.
Zum Schluß wird die Schiene um die Randkante der Bodenplatte geklebt
und der Henkel aus einem 50 cm langen Peddigrohrfaden folgendermaßen
gearbeitet: der Faden wird in der Mitte einer Seite unter den Abschlußrand durchgezogen, gedoppelt, gedreht und in der Mitte der anderen
Seite neben eine Stake bis zum Boden in das Geflecht eingesteckt.

64

65

Kerzenhalter

Material: Peddigrohr Nr. 5 für die Staken (15 Staken ca. 12 cm lang)
Peddigrohr Nr. 3 für die Flechtfäden.

Um den abgebildeten Kerzenhalter arbeiten zu können, benötigt man eine Dose ca. 10 - 12 cm Durchmesser (große Milchdose). Nachdem die Staken mit Hilfe eines Gummibandes Abb. 41 um die Dose gelegt sind, werden die ersten beiden Flechtrunden gefitzt (Seite 20), nach zwei weiteren einfachen Runden wird das Geflecht von der Dose abgezogen und mit einem straff geführten Flechtfaden bis zu einer Höhe von ca. 8 cm konisch aufgeflochten. Nun werden die Staken geweicht, nach außen abgebogen und mit einem allmählich lockerer geführten Flechtfaden ca. 3 cm hoch aufgeflochten. Zwei gefitzte Runden bilden den Abschluß. Die überstehenden Staken werden mit einem Seitenschneider auf 0,5 cm gekürzt.

Toastbrotkorb

Material: eine Bodenplatte 20 x 11 cm, Peddigrohr Nr. 5 für die Staken (33 Staken etwa 18 cm lang), Peddigbast für die Flechtfäden

Die Bodenplatte wird nach dem Bohren und Schleifen bezogen, die Staken, wie Abb. 46, durchgezogen und unter der Platte zu einem „einfachen Füßchen" verflochten. Der Rand wird 5 cm hoch gearbeitet, dann werden die Staken geweicht und zu einem Zuschlag (Abb. 35) verflochten. Zum Schluß werden die Henkel, wie schon beschrieben, angebracht und die Randschiene angeklebt.

Party-Löffel

Material: ein langer, neuer Holzlöffel
Peddigrohr Nr. 3 für die Staken (7 Staken etwa 10 cm lang)
einige Abziehbildchen

Party-Löffel: darunter kann man sich eigentlich wenig vorstellen. Aber wer ihn einmal nachgearbeitet hat und auf der nächsten Party einweiht, wird merken, wie praktisch er ist. Mit diesem Löffel kann man Zigaretten, Streichhölzer, einen kleinen Ascher, das Olivenglas usw. den Gästen reichen, ohne aufzustehen. In den Löffelrand werden in Abständen von 2 cm 14 Löcher in der Stärke der Staken eingebohrt und die vorher abgebogenen Staken hineingeleimt.

Umflochtene Gegenstände

Durch die Umflechtung erhalten selbst wertlose Gegenstände (alte Flaschen usw.) ein schöneres Aussehen, außerdem werden sie hierdurch stoßgeschützt und gegen Kälte und Wärme isoliert, so daß sie einem völlig neuen Verwendungszweck zugeführt werden können.
Die Stärke des Materials richtet sich jeweils nach der Größe des zu umflechtenden Gegenstandes. Daher ist es schwierig, eine Materialangabe zu machen. Wie die hier abgebildeten Arbeiten umflochten werden, wurde schon vorher beschrieben.
Die kleinen Körbchen oben auf den Flaschen werden wie solche mit 4 oder 6 Staken (Abb. 3) über einem Korken gearbeitet. Für die Henkel wird ein langer Flechtfaden zusammengelegt und mit der Mitte um den oberen Rand der Flasche geschlungen, dann werden die beiden Enden umeinandergewunden und in das untere Geflecht eingesteckt.

Rechteckiges Tablett mit abgerundeten Ecken

Material: Peddigrohr Nr. 3 für die Staken (55 Staken 20 cm lang)
Peddigrohr Nr. 2 für die Flechtfäden
eine Bodenplatte 24 x 36 cm, etwas Selbstklebefolie und ein kleiner Rest
Peddigrohrschiene

Das Tablett ist heute zum unentbehrlichen Helfer im Haushalt geworden. Für wenig Geld und mit einem bißchen Geduld kann man es nacharbeiten. Die Bodenplatte wird wie üblich bearbeitet und mit Selbstklebefolie bezogen. Die Staken werden, wie Abb. 46, durchgezogen und zu einem „einfachen Füßchen" (Abb. 48) verflochten. Die Staken über der Platte werden mit einem doppelten Flechtfaden (Abb. 16) umflochten. Hat der Rand eine Höhe von 3 cm, wird als Abschluß der Zuschlagrand (Abb. 35) gearbeitet.

Rundes Tablett

Material: eine Bodenplatte 40 cm Durchmesser
Peddigrohr Nr. 5 für die Staken (59 Staken etwa 30 cm lang)
Peddigrohr Nr. 3 für die Flechtfäden
ein Stückchen Selbstklebefolie sowie ein Stück Peddigrohrschiene für
die Randkante

Die Bodenplatte wird, wie vorher beschrieben, bearbeitet und bezogen. Die Staken werden durchgezogen und unter der Platte zu einem „einfachen Füßchen" (Abb. 48) gearbeitet. Der Rand wird dann etwa 5 cm hoch geflochten. Bei der nächsten Flechtrunde wird der Flechtfaden an zwei genau gegenüberliegenden Seiten über 9 Staken, höher um die Staken gelegt. Die nächsten Runden folgen dann wieder normal, bis zu einer Gesamthöhe von etwa 7 cm. Als Randabschluß arbeitet man den Zuschlag (Abb. 35). Die bei der letzten Runde außen hängenden Staken werden aber nicht entfernt, sondern folgendermaßen weiter verflochten: eine Stake wird unter die nächste Stake gelegt und über die nächstfolgende nach innen gesteckt, wo die überstehenden Enden mit dem Seitenschneider entfernt werden. Ist alles fertig, wird die Schiene um die Randkante geklebt.

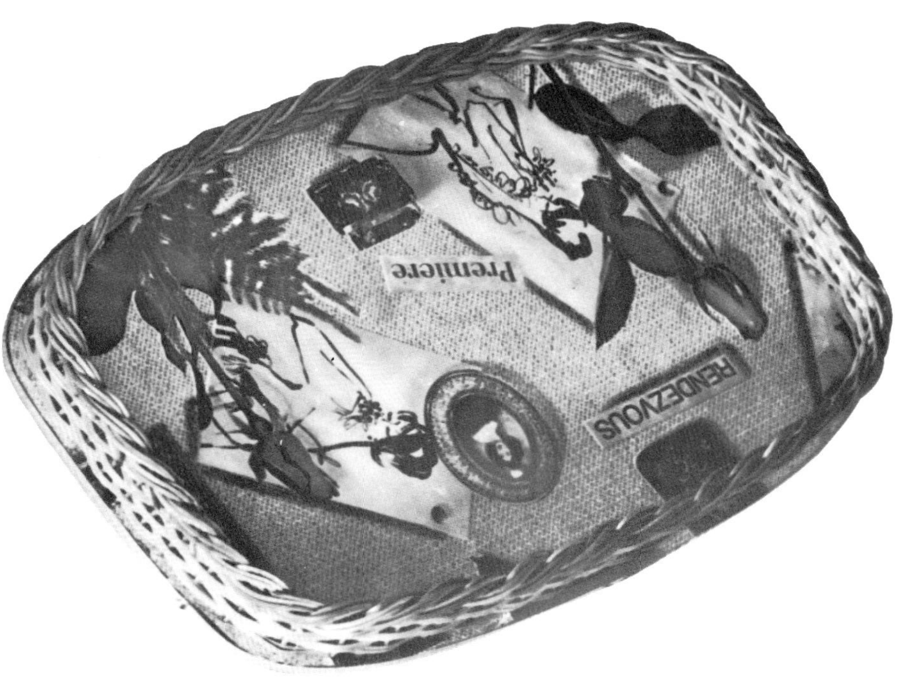
Premiere
RENDEZVOUS

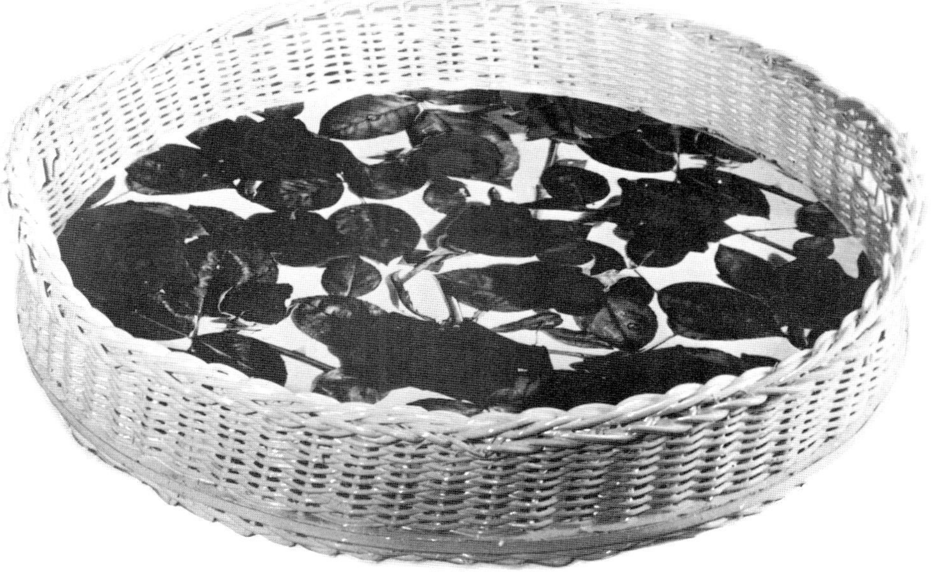

| **Kette** | Material: Peddigrohr Nr. 00 |

Diese Kette ist sehr leicht und sieht zu sportlicher Kleidung besonders hübsch aus. Die Stakenanzahl richtet sich nach der Länge der Kette; sie wird aus Ringen Abb. 44, die ineinandergreifen, gearbeitet. Für den einzelnen Ring benötigt man einen ca. 8 cm langen Peddigabschnitt. Die fertige Kette kann abschließend mit klarem oder farbigem Lack gestrichen werden.
Verwendet man stärkeres Peddigrohr, z. B. Nr. 3 und die Peddigabschnitte ca. 12 cm lang, kann man sich einen recht modischen Gürtel arbeiten, der einem Sommerkleid den letzten Pfiff gibt.

| **Wandschmuck** |

Material: Peddigrohr Nr. 7 für die Staken (12 ca. 30 cm lang)
          Peddigrohr Nr. 5 als Flechtfaden
          Peddigrohr Nr. 3

Soll dieser Wandschmuck die richtige Wirkung haben, braucht er einen einfarbigen Hintergrund; z. B. geräuchertes Material eignet sich für eine helle, Naturpeddig für eine dunkle Wand. Die 12 Staken werden wie Abb. 3 zu einem Kreuz gelegt und mit dem Flechtfaden Nr. 3 viermal umwickelt. Das Fadenende wird in das Geflecht eingesteckt. Im Abstand von 3 cm werden dann drei Runden gefitzt (Abb. 12), nach weiteren 4 cm zwei Runden, nach 5 cm eine Runde gefitzt. Abschließend werden die Staken auf 1,5 cm gekürzt.

| **Ovaler Korb** |

Material: Peddigrohr Nr. 9 für die Ringe
          Peddigrohr Nr. 7 für die Staken (2 Staken etwa 75 cm lang, 6 Staken etwa 32 cm lang)
          Peddigrohr Nr. 5 für die Flechtfäden
          Peddigrohr Nr. 2 für die Kreuzflechte
          Peddigrohr Nr. 0 zum Bewickeln des Henkels

Dieser Korb läßt sich für viele Zwecke verwenden; die Form findet man nicht so häufig. Die Bauern in Norddeutschland benutzen sie für Kartoffel- oder Früchtekörbe.
Die Arbeitsweise ist genau bei Abb. 10 und 11 beschrieben.

Mobile

Material: Peddigrohr Nr. 00
Peddigrohr Nr. 3, 8 schwarze Holzperlen ca. 1 cm ϕ
Plaka weiß und schwarz, Uhu.

Der weiße Fisch wird aus einer 6,5 cm langen Stake Nr. 3 gearbeitet. Auf das vordere Ende der Stake wird eine schwarze Perle aufgeklebt und die Stake mit Plaka weiß gestrichen.

Für den schwarzen Fisch benötigt man eine 25,5 cm lange Stake Nr. 3, eine 18 cm lang und eine 11,5 cm lang aus Peddigrohr Nr. 00. Die Peddigabschnitte werden gut geweicht und abgetrocknet. Die 25,5 cm lange Stake wird an den Enden mit einem scharfen Messer zueinander abgeflacht mit Uhu bestrichen, fest aneinandergedrückt und mit einem Faden umwickelt zum Trocknen gelegt.

Die Flosse wird aus der 18 cm langen Stake gearbeitet, deren Enden abgeschrägt, mit einem Tropfen Uhu versehen und auf der oberen Mitte des Körpers angesetzt und mit einem Faden umwickelt werden. Dann wird die Stake wie auf dem Foto ersichtlich um den Körper gelegt, wo sie auf dem Rumpf aufliegt, angeklebt und wieder umwickelt. Nun werden die Flossen noch ein wenig in Form gezogen und der Fisch zum Trocknen gelegt.

Das Mittelstück, das aus der 11,5 cm langen Stake gearbeitet wird, muß an den Enden wiederum zueinander abgeflacht, geklebt und umwickelt werden. Wenn die Klebestelle trocken ist, wird der Faden entfernt und der wie ein Tropfen gebogene Teil in den Körper eingeklebt.

Eine schwarze Perle, an der ein schwarzer Faden angeklebt ist, wird als Auge in den vorderen Teil des Fischkörpers eingehängt. Abschließend werden alle Fäden entfernt und der Fisch mit Plaka schwarz gestrichen.

Für die Aufhängebalken benötigt man eine Stake 25 cm lang und zwei 15 cm lang aus Peddigrohr Nr. 3, die mit Plaka schwarz gestrichen werden.

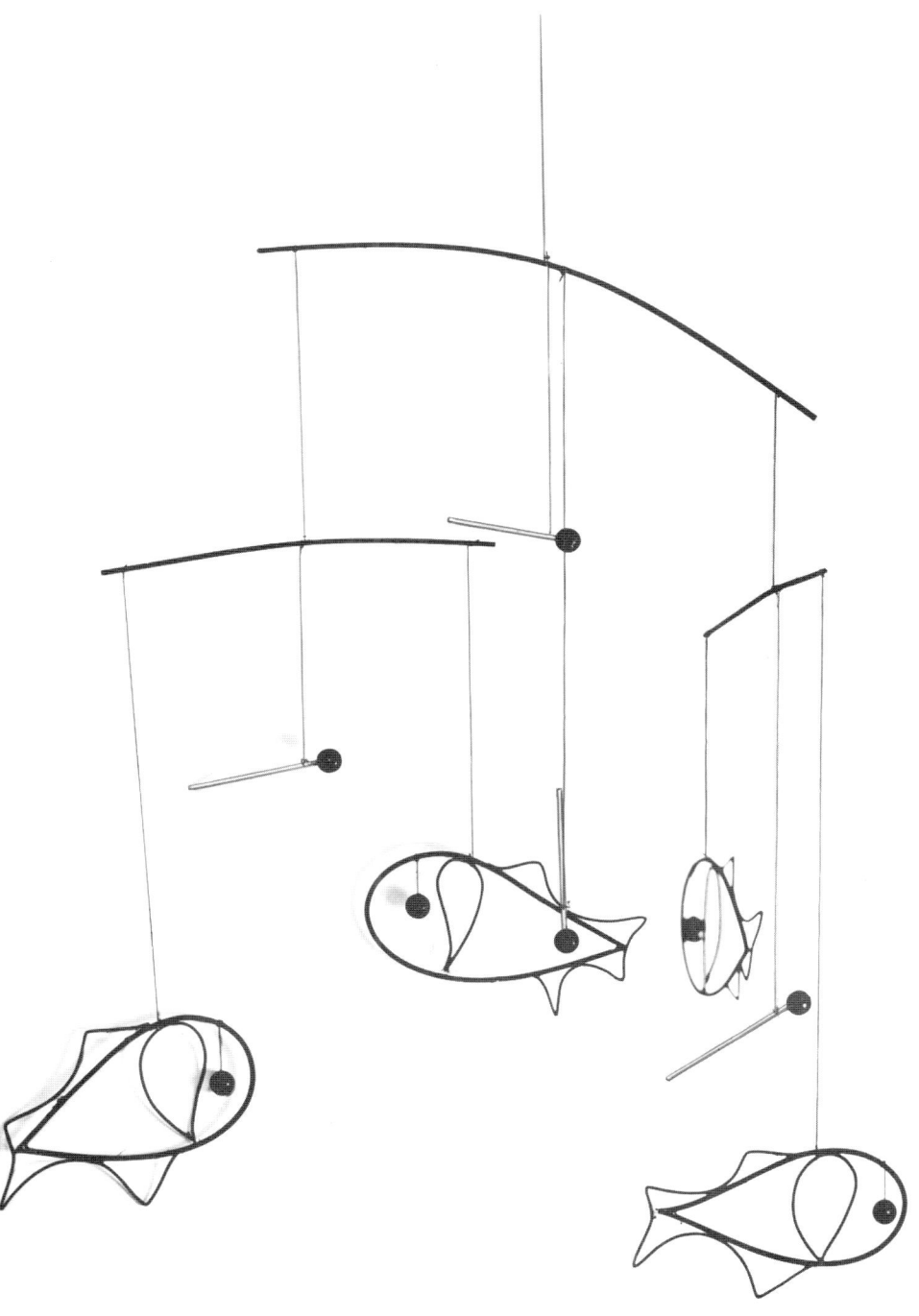

Eierbecher

Material: Peddigrohr Nr. 3 für die Staken (12 Staken etwa 25 cm lang, 2 Staken etwa 13 cm lang für den Boden, 13 Staken etwa 4 cm lang für den Becher)   Peddigrohr Nr. 2 für die Flechtfäden

Zunächst wird der Boden in der Grundart, Abb. 8 und 9, bis zu einem Durchmesser von 9 cm gearbeitet, die Staken geweicht und als Abschluß der Rand, Abb. 35, mit 2 Staken geflochten. Dann werden die 4 cm langen Staken auf der oberen Seite des gefertigten Bodens, dort wo das Geflecht zu Paaren aufgebrochen wurde, mit Hilfe eines Pfriems einzeln neben einem Stakenpaar etwa 1 cm tief in das Geflecht eingesteckt, nach oben abgebogen und 1,5 cm hoch umflochten. Die Staken werden hierbei ein wenig nach außen gebogen, so daß man einen Durchmesser von 6 cm erhält. Als Abschluß wird dann der offene Rand (Abb. 31) gearbeitet. Die überstehenden Staken werden kurz über der gefitzten Runde mit dem Seitenschneider entfernt.

Eierwärmer

Material: Peddigrohr Nr. 3 für die Staken (12 Staken etwa 30 cm lang, 2 Staken etwa 15 cm lang)   Peddigrohr Nr. 2 für die Flechtfäden

Der Eierwärmer wird wie Abb. 6 begonnen. Hierbei ist darauf zu achten, daß der Flechtfaden straff angezogen wird, damit man eine schnelle Rundung bekommt. Der Wärmer wird ca. 9 cm hoch aufgeflochten, dann werden die Staken geweicht und als Abschluß der Rand Abb. 36 mit zwei Staken gearbeitet. Ist das Geflecht trocken, wird es mit Schaumstoff oder Zellstoffwatte und Stoff abgefüttert.

Serviettenring

Material für 1 Stück, 4 cm ⌀: Peddigrohr Nr. 0 (22 Staken etwa 10 cm lang)

Die Staken werden mit Hilfe eines Gummibandes (Abb. 41) um eine Dose mit 4 cm Durchmesser gelegt und wie Flaschen usw. umflochten. Nach 15 Flechtrunden wird zunächst der obere Rand, dann der untere, wie Abb. 31, gearbeitet. Ist der Ring fertig, zieht man ihn von der Dose ab. Der Serviettenring hält nicht nur die Serviette zusammen, er läßt sich außerdem auch als Eierbecher verwenden, wenn man ihn senkrecht aufstellt.

76

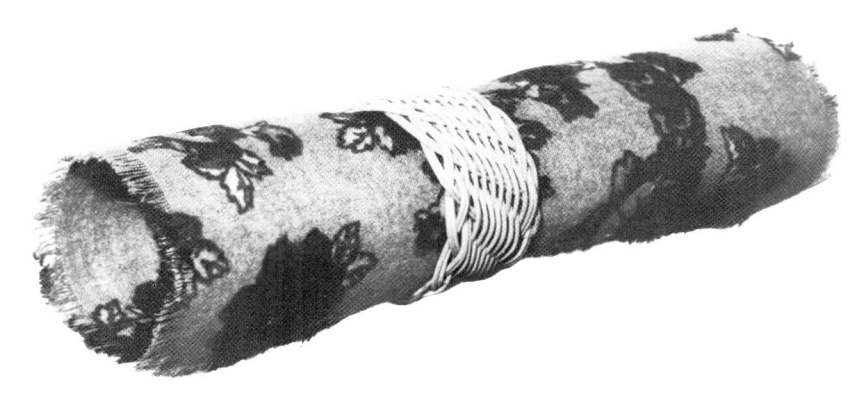

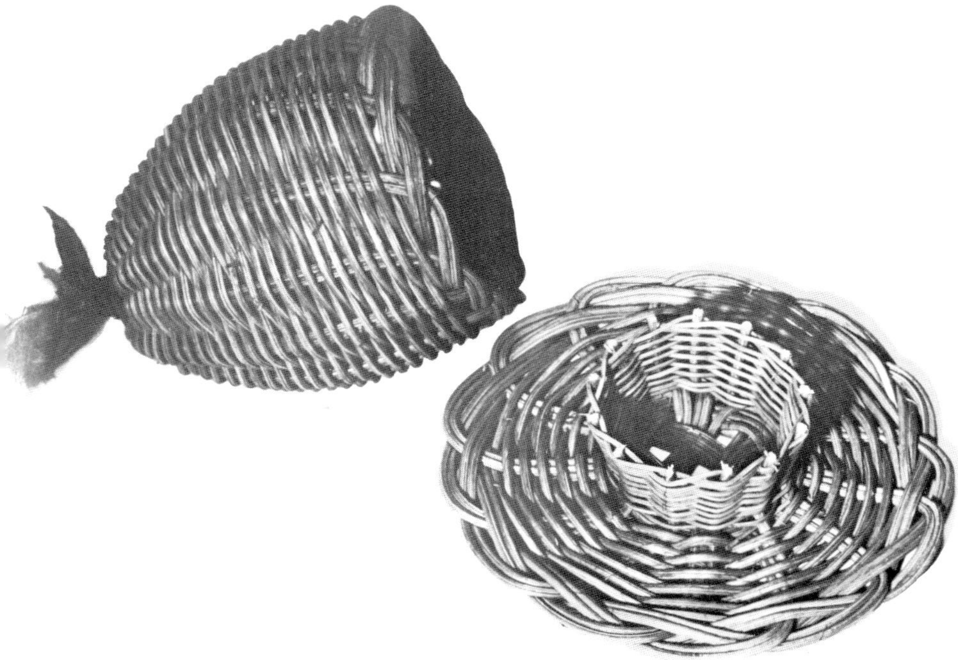

Material: Peddigrohr Nr. 3 für die Staken (21 Staken etwa 30 cm lang)
Peddigrohr Nr. 2 für die Flechtfäden
Holzreifen 0,5 cm stark, 2,5 cm tief, Durchmesser 20 cm lang

Der Spiegelrand wird auf einen Holzreiten gearbeitet, den man sich beim Schreiner machen läßt.

Nachdem man die Kanten des oberen Randes mit Sandpapier leicht abgerundet hat, werden mit einem 2-mm-Bohrer 42 Löcher, 1 cm vom Rand entfernt, in den Reifen eingebohrt. Dann werden die Staken gut geweicht und einzeln mit den beiden Enden durch zwei nebeneinander liegende Bohrlöcher von innen nach außen gezogen, so daß auf der Innenseite eine 1 cm große Öse entsteht. Durch diese werden anschließend jeweils über 2 Staken 2 Flechtrunden gearbeitet.

Die Staken auf der Außenseite des Randes werden einzeln umflochten und langsam nach hinten gebogen, so daß eine leichte Rundung entsteht. Zum Schluß werden die Staken geweicht und, wie Abb. 35, verflochten.

Weihnachtssterne

Material: Peddigrohr Nr. 00
Peddigrohr Nr. 1   Peddigschiene

Sterne aus Natur- und Räucherschiene werden so wie Strohsterne gearbeitet. Für den Rosettenstern benötigt man 9 ca. 10 cm lange Staken
aus Peddig Nr. 00 sowie zwei Goldfolienstückchen, ca. 2 x 2 cm, die jeweils auf einer Seite mit Uhu eingestrichen werden. Ist der Klebstoff ein
wenig angetrocknet, werden die beiden Quadrate aufeinandergelegt und
zwischen Daumen und Zeigefinger der linken Hand festgehalten, während
man mit der rechten Hand die gebogenen Staken zwischen die Folien-
teilchen einschiebt. Statt der Bogen kann man auch geknickte Staken
sowie 2 bis 3 cm lange Peddigstücke verwenden. Ebenso hübsch sieht es
aus, wenn man runde Folienscheiben mit ca. 1 cm ϕ als Mittelstücke
wählt.

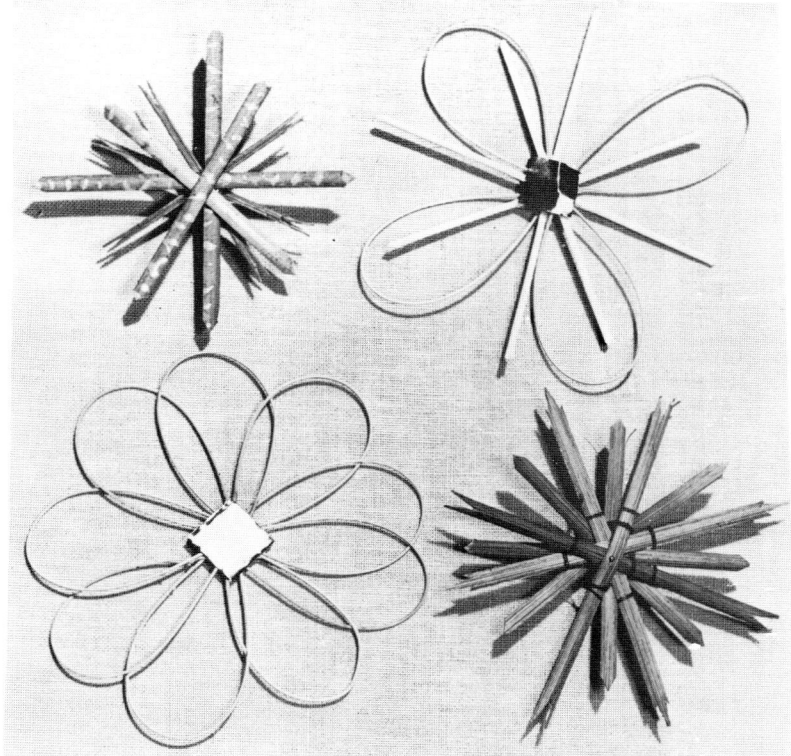